丛书编委会

大家精要

唐顺之

孙彦　周群　著

Tang Shunzhi

陕西师范大学出版总社

图书代号 SK16N1067

图书在版编目（CIP）数据

唐顺之／孙彦，周群著. —西安：陕西师范大学出版总社有限公司，2017.7（2024.1重印）

（大家精要）

ISBN 978-7-5613-9303-1

Ⅰ.①唐…　Ⅱ.①孙…　②周…　Ⅲ.①唐顺之—传记　Ⅳ.①B248.99

中国版本图书馆CIP数据核字（2017）第138161号

唐顺之　TANG SHUNZHI

孙　彦　周　群　著

责任编辑	陈柳冬雪
责任校对	陈君明
封面设计	张潇伊
出版发行	陕西师范大学出版总社
	（西安市长安南路199号　邮编710062）
网　址	http://www.snupg.com
印　制	永清县晔盛亚胶印有限公司
开　本	650 mm×930 mm　1/16
印　张	10
字　数	100千
版　次	2017年7月第1版
印　次	2024年1月第2次印刷
书　号	ISBN 978-7-5613-9303-1
定　价	45.00元

读者购书、书店添货或发现印刷装订问题，请与本公司销售部联系、调换。

电话：（029）85303879　　传真：（029）85307864　85303629

目　录

第1章

求学应试

唐顺之（1507~1560），字应德，一字义修，号荆川，是明代著名的文学家和心学学者，还是嘉靖年间著名的抗倭英雄。唐顺之以其文治武功在中国历史上留下了深刻的印记，被后人尊称为"荆川先生"。

一、家族考述

唐顺之出生于江苏武进（今属江苏常州），其先人原本世居高邮（今属江苏扬州），后于宋末避元兵乱，遂南渡至武进定居。武进北濒长江，南临太湖，钟灵毓秀，自古就是文人荟萃之地。春秋时期，吴公子季札即受封于此，而孔门唯一的南方弟子言偃也出自这里。其后这里更是风教盛行，名士辈出。唐家先人选择在武进定居，正是看重了这里积蓄深厚的德行与文化氛围，武进唐氏一门自此以诗书传家。

唐顺之的高祖名诚，字伯成，生有五子：衡、復、律、衢、衍。伯成公好读书，为人谦和有礼，平日里除了努力耕作辛勤持家，更加注重对五个儿子的教育。在其影响下，次子唐復少登进士第，为官后政声颇著。其余子弟则不论为商为农，都勤勤恳恳、兢兢业业，没多久全家便积聚起颇为丰厚的家财，在武进城的东、南、北门之外各建有庄宅。伯成公令五子分而居之，各自谋生，自此唐氏一族终于在武进扎了根。

唐顺之的曾祖唐衍，号友兰翁，是伯成公的幼子。友兰翁育有四子，其长子唐贵即唐顺之的祖父。唐贵，字用思，号曾可，世称黄门公。唐贵少时家贫，父亲因身患重病不能谋生，他作为长子以一己之力很早就承担起养家的重任。为了养家，他可谓费尽心思。十几岁时，他见当时科考考的都是八股文，而坊间却甚少好的八股文选本流传，因此他多方搜求佳作，精挑细选，再一篇篇手抄成册，就这样夜以继日奋战了许多个日夜之后，唐贵拿着一本本精选的八股文抄本在武进甚至更远的其他郡县兜售，所得全部用来贴补家用。但是，这也只是杯水车薪。十七岁时唐贵补博士弟子员，他就勉强束发加冠为本郡童子开课讲授章句之学，而他教出来的学生每次考试成绩居然都位于前列，因此请他为师的人家也越来越多，一年下来挣到的钱倒也足够养活全家。就这样，唐贵靠授课维持着全家的生计，甚至还操办了兄弟们的婚嫁事宜。挣钱养家糊口之余，他自己从来也没有放弃过读书作文，终于在四十二岁那年考中举人，第二年又考中进士，官授户科给事中。唐贵自四十三岁授官至四十八岁辞世，为官时日虽不长，却一心勤勉为民，至临终前仍在起草奏疏论述国事。他为官清廉，不以官欺民。此外，唐贵还是一个极其孝顺的人，为官后常为自己早年没有能力好好奉养双亲而深感痛心。父亲去世后，唐贵更加周到地赡养母亲，甚至还在自己居室的门上悬一匾额，题作"曾可"，勉励自己侍奉母亲当如曾子孝顺双亲方可，这也正是唐贵别号的由来。

唐贵对父母的孝心，以及对家庭和社会的强烈责任心，在其子唐宝身上都得到了继承。唐宝是唐顺之的父亲，他上有两个姐姐，是父母的独子。唐宝十三岁丧父，寡母对其管教甚严。比起同龄的孩子，唐宝已知道要发奋苦读，但是晚上温书倦怠还是忍不住要打个盹。一次母亲看到后十分生气地责问唐宝："如此浑浑噩噩，你如何能继承父亲的事业?"不知母亲是为了解气，还是为了让小唐宝牢牢记住读书不可怠惰，一连向儿子唾了好几口。自此之后，唐宝读书更加勤勉，不知疲倦。二十八岁的时候，他考中了举人，然而在这一年母亲周氏也离开了人世。在这之后漫长的岁月中，唐宝一直不能忘怀早逝的双亲，深以自己永无机会好好奉养父母为恨，而捧起书本每每又会想到母亲当年的唾责，不胜唏嘘感慨。为此他自号"有怀"以表示对双亲永远的怀念。

唐宝曾历仕信阳（今河南信阳）知州和永州（今湖南永州）知府，为官期间他勤政为民，秉公断案，为百姓做了不少实事。信阳民风剽悍，每年都有许多人因打架斗殴被判死刑，其中当然也免不了冤假错案。唐宝自从做了信阳的地方官，清查了许多错案，为那些不致死刑者向上司据理力争。每解救出一个无辜百姓，他都为之欢欣不已。唐宝治民以风教为先，他认为教化、奖掖百姓汲汲人伦乃是治民上策，惩恶则是不得已的中下之策。后来居官永州，每当狱卒晨报监牢里又多了一个犯人时，唐宝总要扪心自问是不是自己做得还不够。唐宝以仁爱治民，对于为害一方的恶霸，从不手软。嘉靖年间永州地区有一种"强赘"之风，百姓为之叫苦不迭。原来，当时的永州城里有不少流民，这些人拉帮结派，有自己的头目。碰到城里哪家有新寡，他们便随意推出一人，强行入赘其家，霸占其妻小财产，时间久了还会把女人孩子任意卖给他人。唐宝通过一段时日的明察暗访，终于擒获流民魁首并将他处斩，"强赘"之风顿消，永州百姓奔走相贺。嘉靖二十一年（1542）秋天，永州各地瘴气大作，不久就死了几万人。唐宝撰写了祝词向上天祷告为民祈福，又亲配药方四处散投，从早至晚不辞辛劳，左右随从劝其爱惜身体，唐宝感叹道："吾恨不能身代民死，而敢爱劳乎?"不久，瘴气渐消，唐宝又带领下属安抚百姓，帮助平民妥善安排死者丧葬后事。唐宝与民同甘共苦的厚德让永州百姓铭记不忘，他们将唐宝与其同样造福于此地的先祖平乐公唐復合称为"前唐后唐"。

唐宝性俭甘淡，退居乡里之后终日与诗文花鸟相伴而无闷，而其性情淳厚、富有天趣，又好奖掖后进，所以颇与年轻人相善。唐顺之的文友王慎中就是唐宝的忘年交，在王慎中眼中唐宝不仅是一位自然质朴的好朋友，更是一位难得的好父亲。所谓"人知应德之进道不懈，而不知由公教之而后有以成其学也；知应德之遁世无闷，而不知由公安之而后有以乐其天"。唐宝对儿子唐顺之既像严父那样教导、激励，也像慈父那样给予宽厚仁爱的理解和支持。

唐顺之的成就也离不开母亲任氏对他潜移默化的影响。唐母乃宜兴人氏，嫁入唐家之后，十分孝顺操劳多年的婆婆。任氏和丈夫一样性俭甘淡，丈夫若不在家，她粗茶淡饭却也甘之如饴，嫁入唐家三十年来甚至从未给自己添过好的衣裳、首饰。平日里她辛勤持家，每日织补不辍，一条布被子居然能盖十年。任氏像古代所有的贤妻良母那样，把自己的一生全部奉献给了丈夫和儿女。不仅如此，任氏也别具一番豪杰胸怀，当年丈夫唐宝多次赶考不第从不曾见她有丝毫不悦，当儿子唐顺之大魁天下之后也不见她如何喜形于色。对此，唐宝曾感慨道："大丈夫宠辱不惊者，亦不过如此耳！"

至此可见，武进唐氏自南迁以来，无不秉承仁爱朴直之风。唐顺之的先人们在外为官则与百姓共忧乐，退居乡里则恬淡自守、读书为乐，出处皆无愧于心。正是这些代代相传已经熔铸在唐家人血脉中的优秀品质，最终造就了博学多才而又淡泊名利的唐顺之。

二、十年寒窗

好友洪朝选在为唐顺之所作的《形状》中描述道："（唐顺之）生而英伟卓荦，举止异人，见者知其必为大器。"其实小的时候，唐顺之也和别的孩子一样贪玩，背书心不在焉，字写得歪歪扭扭，和小伙伴们在外嬉戏经常忘了回家，在家里也会要孩子脾气和父母赌气说一些伤人心的话。贪玩、爱耍脾气这本是小孩子的天性，但是父母并没有顺着他的性子娇惯他，而是进行了十分严厉的管教。父亲唐宝主管读书习字，书背得不熟，字写得不端正就要打手心。母亲任氏则主要负责唐顺之日常言行举止的管教，在外贪玩回家晚了，在家举止任性，母亲就会毫不客气地斥责他："儿尚有童心乎？汝将为荡子乎？"母亲的话像榔头一样一字一句重重地砸在唐顺之的心上:"是啊,我将来要做一个什么样的人呢?"渐渐地,母亲发现小顺之外出嬉戏的次数越来越少,在家读书的时间越来越长。父亲也发现每次检查他的功课,书都背得滚瓜烂熟,字也练得十分有长进。不仅如此,无论是出门在外还是闭门在家,唐顺之的行为言谈也都守礼有度,亲友们见了直夸这个孩子不寻常,将来一定会有一番大出息。看到儿子有如此进步,父母自然欣慰不已。但是细心的母亲却有了新的担忧,她发现儿子读书竟像着了魔,白天读书不算,晚上经常一看就是一整夜,而他还是个十来岁的孩子,长此以往身体累垮了怎么办?于是母亲晚上常常起来帮儿子把灯吹灭,可是母亲刚走灯又点了起来,如此往复母亲往往一夜要起来好几次。唐顺之不忍母亲为自己操劳担心,后来总是等母亲睡熟,他才偷偷起来挑灯夜读,严寒酷暑从不间断,这一坚持就是好几年。

当时,唐顺之已投入本乡陆慎斋、叶包庵两位先生门下攻读诗书。在唐顺之的记忆中,陆先生是一位志向远大的读书人,授课之余他埋头经史百家,日夜不辍,以期早日登第能有所作为,可惜终其一生都未能如愿。但是陆先生一生教化乡里实有功劳,唐顺之称他"虽居无位之地而各有以致于用"。而陆先生勤奋的治学态度和怀抱天下的胸襟更是在他最杰出的学生唐顺之身上得到了延续。另一位叶先生是研究《诗经》的高手,除了训诂名物,先生往往能揣摩出诗人内心隐藏的深意并著文发挥,在给学生们讲授诗歌的时候他特别善于通过细致生动的联想和比喻引导大家进入诗歌的世界。诗中咏唱的一幕幕场景通过先生那传神的讲解学生们如同亲见亲闻,大家常常感叹叶先生真是把诗说神了。那时师从叶先生的学生很多，有唐顺之未来的姐夫董士弘及其兄弟董士毅，有他未来的儿女亲家白悦，还有与他并称"武进二贤"的著名思想家薛应旂等等。唐顺之既得两位老师倾囊相授，又得同门学友互相切磋砥砺，可谓进步神速。

世人好说"学海无涯苦作舟"，可是对于唐顺之来说读书却是第一乐事。除了先生们课上所授经义，平日里他对各种知识都充满了好奇心，举凡历史、地理、天文、历算、诗词歌赋可谓无所不读，无所不喜。值得注意的是，唐顺之很早就显露了他的文学才华，诗文之外他尤其擅长制义之作。所谓制义，亦称制艺、时文、时艺、八比或四书文，是明代以来科举考试的主要文体。它还有一个更为通行的称法即"八股文"。八股文的题目主要出自四书五经，要求作者"代古人语气为之，体用排偶"。此外，八股文对于格式、字数也有着严格的要求，每篇文章皆由破题、承题、起讲、入手、起股、中股、后股、束股八部分组成，字数在六百字上下。其中，从起股至束股为文章的核心议论部分，并且每一股又都由两股排比对偶的文字组成，加起来共有八股，这便是"八股文"得名的由来。由于八股文在内容和形式上皆有着严格的规范，要想做好它实属不易，作者除了要将儒家经义烂熟于胸，还需熟练掌握其写作规范和技巧，这样才能写出文精意赅的佳作来。明初以来由于科考的需求，越来越多的人开始关注、探索八股文创作，至嘉靖以前已经出现了钱福、王鏊等制义大家。而唐顺之对于制义的关注既出于科举之需，也是由于这种新兴文体具有挑战性。为了写好八股文，他不仅熟读四书五经，还悉心揣摩前人文章章法技巧，对前代制义大家之作尤为留心。经过长期的训练和反复推敲琢磨，唐顺之逐渐掌握了八股文创作的要领，作起文章来可谓是得心应手，他的作品也不时得到师长和同学的认可——年纪轻轻的他俨然已是一位八股文高手了。

嘉靖三年（1524），唐顺之十八岁，父亲为他娶同乡庄齐（号静思）之女为妻。庄氏时年十七岁，为人端庄，生性俭朴，不喜豪奢，与唐顺之可谓心性相投，两人又年岁相仿，婚后感情一直很好。她侍奉公婆小心周到，甚得长辈欢心；妯娌相处，情同姐妹。唐顺之爱读书，日常琐事毫发不系于心，家里的柴米油盐日常营生都由庄氏一手打理。除了在生活上无微不至地关心照顾丈夫，庄氏更能如朋友般在精神上给予丈夫理解和支持。唐顺之二十多年后回忆起新婚的那一段时光，依然能够清晰地感受到当时的幸福和满足。时光便在这幸福和满足中缓缓流逝，唐顺之每日并无他事烦扰，唯有一心博览群书，内心十分宁静。然而，此时的大明天下却并不宁静。嘉靖开朝影响极为深远的一场政治斗争——大礼议已进行到白热化阶段。

三、一举成名

正德十六年（1521），武宗朱厚照病逝。由于武宗无子，依兄终弟及之祖训，其从弟、兴献王朱祐杬之子朱厚熜继承皇位，即为明世宗。第二年，世宗改年号为嘉靖。嘉靖帝即位后的第六天便令众礼官集议其父兴献王的封号，当时以首辅杨廷和、礼部尚书毛澄为首的朝臣为维系大宗不绝，请嘉靖帝依汉定陶王、宋濮王故事称武宗之父孝宗为皇考，改称兴献王为皇叔父。嘉靖帝对此十分不满，要求礼部另议。正德十六年（1521）七月，大理寺观政进士张璁上《正典礼疏》，反驳杨廷和等大臣之说，主张继统不继嗣，嘉靖帝应尊崇所生，为兴献王立庙京师。嘉靖帝得疏即召见杨廷和等，下令尊生父为兴献皇帝，生母为兴献皇后，不料依然遭到杨廷和等朝中重臣的反对。自此便开始了以首辅杨廷和等为一方，以嘉靖帝、张璁为另一方的"大礼议"之争。

嘉靖开朝的"大礼议"之争，其背后实质是朝廷各方力量之间的角逐。其中既包含前朝重臣与依附于嘉靖帝的中下级官吏之间的斗争，也有首辅与皇帝之间对权力的争夺。起初嘉靖帝及其周围的议礼派还处于劣势，随着议礼的进行，双方力量开始出现逆转。至嘉靖三年（1524），以杨廷和为首的前朝重臣先后致仕，以张璁为首的议礼派却在嘉靖帝的支持下不断壮大着声势。同年七月十五日，在吏部侍郎何孟春以及杨廷和之子翰林院修撰杨慎的率领下，包括时任辅臣在内的二百多名朝中官员于散朝之后齐聚皇宫内的左顺门跪哭谏主。结果嘉靖帝不仅没有妥协，反倒将其中一百多名官员施以廷杖之刑，前后共致死十七人，杨慎等人被流放出京。此后，围绕在嘉靖帝周围的议礼派便彻底取代了前朝重臣，张璁、桂萼、方献夫、霍韬等一批新科进士和地方官吏则相继入主政务。嘉靖六年，议礼头号功臣张璁升至礼部尚书兼文渊阁大学士参与机务。八年二月，张璁的同党桂萼也以吏部尚书兼武英殿大学士职参与机务。此时朝中已然是议礼派的天下了。

嘉靖八年三月，三年一次的科举考试在京城如期举行。唐顺之满怀信心地参加了由皇帝亲自主持的廷试。前一年乡试，他牛刀小试，考中第六名。在刚刚结束的礼部会试中，他一举拔得头筹，高中会元，一时间名声大噪，引起了两个人的格外关注。第一个是这次会试的主考官张璁。由于张璁本人正德十六年（1521）考中进士时已年届四十七岁，深知科考之艰辛与不易，因此特别有意提拔那些和他经历类似的大龄考生。阅至唐顺之的答卷时，只见文章写得气平理明、意深辞雅，张璁料想作者一定是一位稳重老成之士，便点作第一名，不想拆卷看到名字之后才知道原来是一位刚过弱冠之年的年轻人（唐顺之时年二十三岁）。张璁自此记住了"唐顺之"这个名字。

另一个注意他的人则是当时的内阁首辅杨一清。得知新科会元是来自常州的唐顺之，杨一清以爱才之心兼半个同乡之谊，决定帮助这个年轻人在廷试中顺利得中状元。当然杨一清也并非没有私心，若能把新科状元招至门下，将来在官场上自是又多了一个帮手，少了一个敌人。即便如此，谁会拒绝首辅的这番美意呢？廷试之后，他派人找到唐顺之索要其廷试对策，唐顺之和父亲问明来意后婉言谢绝。杨一清并不死心，差人一个晚上跑了好几趟，终被唐顺之所拒。来人走后，父亲关起门问儿子："如此坚持，不怕得罪首辅影响你未来的前途？"唐顺之正色道："父亲，我怎能为了一个状元就将自己依附他人！今天若是答应了他，今后只怕无法自立，处处受制于人，那时可就后悔莫及啦！"见儿子句句在理，父亲便不再勉强。杨一清见一番好意被拒，顿时恼羞成怒，费了一番功夫终于找到唐顺之的卷子将他判作第三，后来又被人改作第四，因此廷试最终结果唐顺之位列二甲第一名。年轻的唐顺之为自己的信念付出了代价，可是他并不后悔，因为他知道在未来的征途中这样的考验才刚刚开始。

　　嘉靖八年（1529）的这次廷试涌现出一批才华横溢的文士。一甲中状元罗洪先、榜眼程文德都是王阳明心学的重要传人；二甲中唐顺之、陈束、任瀚、熊过、李开先、吕高尤以文采著称。此外，以文官出身却在抗击北虏中屡建功勋的杨博以及铁骨铮铮、直言敢谏的杨爵都是出自这一榜的进士。廷试之后，二、三甲的新进士们还要参加朝选，考中者称作"庶吉士"，与一甲三人同样能进入翰林院实习观政，优秀者有机会留翰林院为官。可别小看朝选，考中庶吉士进入翰林院就等于迈上了通往高官厚禄的光明大道。据《明史·选举志》记载，明代自英宗天顺二年（1458）之后可谓非进士不入翰林，非翰林不入内阁，礼部尚书、侍郎及吏部右侍郎非翰林不任。杨一清不愧是一位忠心报国的老臣，他并没有为一己私怨埋没国家的栋梁之材。唐顺之与陈束、任瀚作为二甲前三名，其廷试对策均得到嘉靖帝亲手批阅评奖，因此三人没有参加考试就被杨一清推作庶吉士一起报给了皇帝。这一年的朝选之后，首辅杨一清推选唐顺之、陈束、任瀚、胡经等二十人为庶吉士入翰林院实习观政。然而这二十人大多没有进得了翰林院，因为他们得罪了会试的座主张璁和霍韬。原来这些新进士正当年轻气盛，个个又涉世未深颇有些傲骨，对于张璁、霍韬以议礼起家、迫害异己多有不满，所以会试后鲜有人趋附，二人为此心中十分嫉恨。另外，张璁对杨一清早有不满，想取而代之，便趁机向皇帝进言杨一清在朝选中动了手脚，选中的庶吉士多为其党羽，建议废除此次朝选结果。当然，对于皇帝御批的二甲前三名张璁不得不手下留情，况且唐顺之还是他亲自选中的会元，便建议将这三人留在翰林院，余下众人分配到其他部门实习观政。嘉靖帝听信了张璁，依其言下旨。一批青年才俊便这样成了政治斗争的牺牲品，不久杨一清也致仕而去。得到特批的唐顺之则再一次果断拒绝了权势的诱惑，他请求同众人一起罢去，最终分配到吏部实习，后来被授职为兵部武选司主事。

唐顺之生性恬淡，不喜争名逐利，且为人耿介，让他为了一官半职而牺牲自己的原则去依附权臣是根本不可能的，因此他拒绝了为众人不齿的张璁，也拒绝了功勋卓著的杨一清。回顾自己进京赶考以来，半年间几番起伏，宦场多般凶险，唐顺之不胜感慨，但是想到此番进京得以认识许多意气相投的年轻才俊，尤其是与新科状元罗洪先结交，他觉得不虚此行。

罗洪先（1504~1564），字达夫，号念庵，江西吉水人。唐顺之与罗洪先的结交既有为对方才华所吸引（二人皆博学多闻，学识不相伯仲），更是因敬慕对方品德。唐顺之拒绝攀附权贵所以没做成状元，罗洪先做了状元却并不以此为荣，他说："丈夫事业，更有许大在，此等三年递一人，奚是为大事也？"因此他不仅不奔走权贵，反而默坐终日，开口绝不谈功名利禄之事。此外，二人年岁相当，有着相似的家庭和教育背景，又都生性清廉耿介，可谓心性相投，自嘉靖八（1529）年初见便互相引为知己，终生不渝。在与罗洪先的交往中，唐顺之感觉到这位年长自己三岁的朋友似乎有着不同于一般读书人的追求。原来罗洪先少时读书即有志于圣贤之道，十五岁时听说王阳明正在江西赣州讲学，便欲负笈求学，因父亲阻挠而作罢，后来亲手抄得王阳明《传习录》，一读倾心，自此研读不辍，至废寝忘食。罗洪先对心学的痴迷令唐顺之不禁好奇，是什么样的学说能令这位让他钦佩的好友如此倾心执着？就这样，唐顺之开始走进了心学的世界，他将发现这是一个陌生却充满魅力的新天地，在这片天地中他将施展出自己的智慧和勇气，并有所建树。

转眼到了第二年春天，无意做官的罗洪先已于正月请假告归，回家看望父亲。唐顺之见好友离去，在兵部又总是受到上司刁难，再加上因少年勤学身体孱弱，便请了病假回家乡武进去了。回家没多久，他接到了母亲病逝的消息。当时父亲唐宝被授予河南信阳州知州一职，母亲就是在随父亲就任的路上病逝的。闻此噩耗，唐顺之悲痛难当，回想母亲这一生操劳持家，甘守清贫，未曾享过一日清福；而幼时母亲对自己的谆谆教诲犹在耳边，如今自己已考取功名，本该让母亲安享晚年，却再也没有机会孝敬母亲，甚至连母亲临终前的最后一面也没见到，真是人生有涯，此痛无涯！由于父亲正在信阳官任上，两个弟弟尚且年幼，唐顺之便自己承担起营办母亲丧事的责任，他把对母亲的思念和愧疚全部投入丧礼的筹备之中，毕竟现在能为母亲做的就只有这一件事了。唐顺之家中一向并不宽裕，祖父、父亲为官都是两袖清风，但是他没想到家中所余竟然连给母亲办一个像样的丧礼都不够，自己现又告假在家没有官俸，全家只有节衣缩食省下钱来营办丧礼。即便如此，丧礼期间亲友们的馈赠都被他一概谢绝，唐顺之就是这样一个在任何情况下守己甚严、一芥不取的人。连日辛劳加上丧母之痛，本来身体就不太好的唐顺之有一天竟然晕倒在家中，家人赶紧从临邑请来医生探病，唐顺之醒来后却责怪家人不该把给母亲治丧的钱浪费在自己身上。今天看来唐顺之此举几近迂阔，可是在他心中"事亲如事天"，母亲生时未及尽人子孝心，母亲不在也只有竭尽全力办好丧礼以尽孝心了。

第 2 章

京师为官

一、"嘉靖八才子"

嘉靖十一年（1532）秋，唐顺之服阕还京。第二年，他在吏部担任稽勋司主事一职，不久迁为考功。吏部为六部之首，掌管全国官吏的任免、考核、升降、调动等事务，是一个极重要又是非不断的地方。唐顺之任职期间秉公办事，务求为国家推举出真正的贤才。对于那些品德端方、施政有才却没有后台的官员，他极力倡言推举；至于那些有后台却不当其任的官员，他也力陈其弊毫不留情，为此得罪了不少人。吏部官员有不少灰色收入，众人早就习以为常，唯独唐顺之来了之后清苦自持，分文不收。其他同僚见了未免心里自惭形秽，却也不能忍受唐顺之做人做事的极度认真和坚持，恰好嘉靖帝要从各部属科道选举人才入翰林院为官，吏部便推举了唐顺之。唐顺之回想起四年前自己因不愿依附张璁而未能入翰林院，没想到转了一圈终究还是进来了。

唐顺之的耿介正直、不攀附任何权贵使他在京师官场中多少显得有点孤立，不过孤立的唐顺之并不孤单，当时的京师正有一批和他一样富有才华、怀抱理想而又不肯趋炎附势的年轻官员，他们中的大多数恰好都是嘉靖八年（1529）与唐顺之同榜高中的进士。除了已经提到过的状元罗洪先，尚有李开先、陈束、任瀚、熊过、吕高、皇甫汸等。除了唐顺之的一批同年，前科进士王慎中、赵时春亦同在京师为官。这些青年才俊分布在京师的各个部门，由于他们才高气盛，为人又刚直不阿，宦途多半都不怎么顺利，和唐顺之一样常常是被打击排挤的对象。正是由于共同的政治处境，再加上彼此相似的人格心性，他们为官京师期间常常相聚在一起指点江山、激扬文字。其中，唐顺之、李开先、陈束、任瀚、熊过、吕高以及王慎中、赵时春尤富文采，被时人称为"嘉靖八才子"。

八才子中，唐顺之与陈束交谊犹深。陈束，字约之，号后冈，鄞县人。自幼聪慧绝伦，好读古书，颇富才名。侍郎董玘重其才，便将女儿嫁与他，并将他带至京师大加褒扬，陈束由是文誉亦起。在嘉靖八年的廷试中陈束刚好排在唐顺之之后，位列二甲第二人。嘉靖十二年，原任礼部员外郎的陈束被推举入翰林院，与唐顺之同官编修。自此，二人常常一起出入，"入则陪侍讲筵，出则校雠东观，暇则杯酒欢宴，或穷日夜不休"。由于翰林院的工作较为清闲，唐顺之和陈束在闲暇之余常与八才子中的其他几人做文酒之会。恰逢高叔嗣、华察、孟洋、江以达、曾汴、屠应埈等一批名士亦在京为官，他们也不时加入其间，与八才子们纵论诗词歌赋。此外，众人还一起相约出游，遍访京师附近的山水名胜、前朝旧迹，留下了诸多诗文唱和之作。

说到诗歌，八才子对于当时诗坛上所流行的一股"诗必盛唐"、专学老杜的风气颇为不满。"诗必盛唐"之论原出自于弘治朝以李梦阳、何景明为首的"前七子"，至嘉靖朝初期依然十分盛行。在此种诗论的影响下，世人只知有盛唐诗，所作尽仿老杜而失之粗豪亢硬，下者更是剽窃模拟，千篇一律。为了纠正世人学诗之偏，正德、嘉靖年间杨慎、薛蕙已提出要学习六朝、初唐诗，可惜杨慎因"大礼议"而遭远谪，故其论在当时并未造成太大的影响。直到八才子出，汉魏、初唐诗才又重新得到重视，并在嘉靖初年深刻影响了京城乃至全国的诗坛风气。在这股诗歌新潮中，占据核心地位的正是唐顺之和陈束。钱谦益在《列朝诗集小传·唐金都顺之》中云："正嘉之间，为诗者踵何、李之后尘，剽窃云扰，应德与陈约之辈，一变为初唐，于时称其为庄严宏丽，咳唾金璧。"《四库总目提要》亦云："束与唐顺之为同年，共倡为六朝、初唐之作，以矫李、何之习。"唐顺之、陈束以为六朝、初唐诗质而不俚，华而不艳，且气象宏远，亦堪为法，非盛唐诗所能掩。他们的看法得到了八才子其他成员的认同，众人开始自觉学习六朝、初唐诗，以矫前七子"诗必盛唐"而产生的剽拟之弊。而当时与八才子时有往来的高叔嗣、屠应埈、皇甫涍、皇甫汸等人，亦相继加入其间，左提右挈给予声援。一时间"诗必盛唐"之说几乎销声匿迹，曾经十分畅行的李、何文集也难觅踪影，诗坛开始盛行起一股精工隽丽而又不乏雄浑朴略的新风。

尽管唐顺之很早就显露了卓越的文学才华，但是他本人一直是文胜于诗，且其"素爱崆峒（李梦阳）诗文，篇篇成诵，一一仿效之"。此番在京师得与八才子其他人等日夕相聚纵论诗文，对于其文学艺境的拓展和提升无疑具有十分重要的意义。一方面，他以自己的才华迅速崭露头角，成为八才子之首，初步奠定了在嘉靖朝文坛的地位；另一方面，也正是在一批才俊的影响启发下，他才突破早年对"前七子"诗文的尊崇，大力倡导学习汉魏、初唐诗，开启诗坛新风。而这一段时时浸润于山水之清、古刹之幽、友情之酣的生活也让他诗兴大发，留下了许多佳篇。

明人胡应麟评嘉靖初诗坛"律体精研，必推应德"，钱谦益亦云唐顺之学初唐诗"庄严宏丽，咳唾金璧"。唐顺之尽管终其一生文名更盛，其诗歌亦有相当成就，而其诗名得于与八才子等在京师交游的这段时间。

八才子主要以文学得名，不过各人的文学才华所长不一。陈束、任瀚、吕高擅诗，王慎中、唐顺之、赵时春、熊过擅文，而李开先后来则更以搜集、创作民歌、戏曲和小说著称。此外值得注意的是，八才子相聚并非只论风月诗文，钱谦益云："嘉靖末，王、李诸人，号为七才子；八才子之名，遂为所掩。然而八才子者，通经史、谙世务，往往为通儒魁士，以实学有闻，以后七子方之，则瞠乎其后矣。"钱谦益此言甚是，相比以李攀龙、王世贞为首的"后七子"，八才子多为博学多才之士，诗文之外他们亦留意实学、关心世务，如李开先、赵时春、王慎中与唐顺之就格外关注边防，身为文官却屡屡展布边图相与筹划，恨不能亲自领兵上阵保家卫国。

此外，八才子心性耿直，不畏权贵，对于朝中政事直言敢谏，也正因此他们的仕途大多不顺。先是嘉靖十三年（1534）王慎中因得罪张璁被谪为常州通判。第二年唐顺之、陈束因为相似缘由先后致仕、迁谪出京。而任瀚早先在吏部任职因不徇情有"木头人"之称，为权贵所忌，后虽屡获升迁，却多次疏归未成，终于嘉靖十九年以"举动任性，蔑视官府"被劾罢为民。熊过、赵时春亦在这一年因议论朝政被罢官。到了嘉靖二十年，李开先则因不肯依附当时执政的夏言，而为其所忌，终至罢归。八才子们由嘉靖八年高中进士（王慎中、赵时春为嘉靖五年进士）从而步上仕途，至十九年前后或罢而为民，或从此致仕不出（赵时春、唐顺之后乃应国难而出），终其一生鲜有仕途腾达者。对此，八才子之一的李开先曾总结道："人言遇丑科则才盛，如乙丑、丁丑、己丑，谓之三丑，而己丑（嘉靖八年为己丑年）多性气，士所以傲视权臣，谏白大疏，举行难事，因而摧折，少有崇品高位者。以今三十余年观之，不亦信然矣乎！"尽管如此，八才子们自嘉靖八年京师相逢，至嘉靖十四年先后离京，在此期间他们由科考结缘，因心性相投以及共同的文学才华而相知相交，这一段短暂、美好而又充满激情的时光是他们共有的人生财富，也给后人留下了一段文坛佳话。

二、王学讲会

嘉靖十二年，唐顺之进入翰林院被授予编修一职，负责校对先朝《宝训》（记录皇帝言论和政事的史书），比在吏部清闲许多。平日里除了和一批文友作诗酒之会，他还积极参与了当时京师里正进行得如火如荼的王学讲会。前面说过，嘉靖八年唐顺之与状元罗洪先订交，从此他开始留意王阳明心学，此番在京师参与讲会，他得以与更多心学学者相识结交，并由此真正迈上了研习心学的大道。在关注唐顺之参与京师王学讲会之前，有必要了解一下明代阳明心学兴起的背景以及王学讲会的一些基本情况。

阳明心学的兴起与当时的科举制度有着十分重要的关联。不同于前代，明代科考专以八股经义取士，不考诗赋。洪武十七年，礼部颁布了科举成式，考试内容定为四书、五经，以程朱学派所注为主。其中，四书以朱熹《四书章句集注》为主；五经中，《诗》主朱子《诗集传》，《易》主程颐《传》、朱子《本义》，《书》主朱熹弟子蔡沈之《传》及古注疏，《春秋》主左氏、公羊、谷梁以及胡安国、张洽《传》，《礼记》主古注疏。永乐年间，明成祖朱棣又以程朱思想为依据敕修《四书大全》《五经大全》和《性理大全》，并以此作为官学和科举考试的标准读本。自此，朝廷设科取士非朱子之说者不用，学子们遂以四书、五经为经典，以程朱理学为圭臬，真正是"非朱子之传义弗敢道也""非朱子之家礼弗敢行也"。可见，程朱理学已成为明代的官方统治思想，并经由科举和各级教育网络实现对人们思想的有效控制。其实，程朱学说一开始并不必然就是封建统治制度的意识形态，其在产生之初因为具有深刻的批判性还被当作惑乱视听的邪说而被禁绝。但是随着它被扶正为官学，其原本所具有的各种进步性便逐渐丧失，士人学子以之为谋取功名利禄的工具，程子、朱子的圣学精神被剥落、俗化，原本深邃远大的经学义理也因此日趋僵化保守而被遗落。

正是在这样一个前提下，王阳明于明代中期提出了自己的心学思想，力图纠正科举积习，以恢复儒家圣学精神。

王阳明（1472~1528），名守仁，字伯安，祖籍浙江余姚。青年时随其父迁居山阴（今绍兴），后于越城附近的阳明洞修学讲论，故自号阳明，后人称其为阳明先生。作为明代最具影响力的哲学家，王阳明的一生颇不平凡。他曾因反对宦官刘瑾而被廷杖四十，并远谪为贵州龙场驿驿丞，途中还遭到了刘瑾派人前来追杀。后来巡抚南、赣期间，他陆续平定了漳南、横水、桶冈、大帽、浰头等地匪徒暴乱。正德十四年，王阳明仅用一个多月就平定了宁王朱宸濠的叛乱，建立了其一生最大的事功。可是其显赫功勋亦导致树敌颇多，屡遭谤讪，故正德十六年后多赋闲在家。嘉靖七年继平定思恩、田州等地瑶族、僮族叛乱后，王阳明因病卒于江西南安青龙浦舟中。隆庆初，赠新建侯，谥文成。万历中，诏从祀孔庙，称"先儒王子"。总体看来，王阳明一生可谓既辉煌灿烂又历经坎坷，既声名卓著又谤议不断，而其文治武功在明代甚至是整个中国历史上都罕有能出其右者。应当说，王阳明的哲学历程正是与其跌宕起伏的人生旅程紧密结合在一起的。十二岁那一年，面对塾师他就说出了人生第一等事乃"读书学圣贤"，而非科举及第。自此以后，无论自身荣辱，他都以内圣之境为最高目标。其越是身处困逆之境，越是穷究性命下落而不休。三十七岁时（正德三年）王阳明远谪贵州龙场，居于遍布蛊毒瘴疠的万山丛棘之中，面对着死亡和疾病的交相侵袭，他自问"圣人处此，更有何道"，于是"日夜端居默澄，以求静一"，"忽中夜大悟格物致知之旨，寤寐中若有人语之者，不觉呼跃，从者皆惊。始知圣人之道，吾性自足，向之求理于事物者误也"。《王阳明年谱》中对于"龙场悟道"的这一形象描述，揭示了王阳明是如何在人生绝境中开启了他学术生涯的全新起点。

如前所述，阳明心学的诞生也是以程朱理学在明中期以来日趋僵化、衰颓这一现实为背景的。前面说过，由于程朱理学的官学化导致其圣学精神的剥落和俗化，学者但溺于词章记诵，不复知有身心之学。此外，程朱理学内部难以解决的理论缺陷也是其走向衰颓的根源所在。王阳明原本也笃信朱子之说，二十一岁那年他依朱子格物致知之说与友人一起"格"竹子，结果把身体"格"出了问题也没有悟到竹子之理，由此他对朱子之学产生怀疑，开始出入佛、老。直至"龙场悟道"，他方领悟以往按照朱子所云即物穷理乃舍本逐末，须知"心即理"，圣人之道、事事物物之理原在自家心中，不假外求。后来他又提出所谓"致知"乃"致吾心之良知"，而"吾心之良知，即所谓天理也"，因此"致吾心良知之天理于事事物物，则事事物物皆得其理矣"，此即"格物"。从"心即理"到"知行合一"，再到"致良知"，王阳明一步步构建起自己以"心体"为核心的哲学体系，由于其所谓"心体"表现为先天形式与经验内容、理性与非理性的统一，因此其心学思想与以"性体"为核心的程朱理学有着明显不同的路径，"对于化解超验与经验、理性与非理性、道心与人心的紧张，限制理性的过度专制，无疑具有着不可忽视的理论意义"。而王阳明重提儒家为己之学，并将成圣依据落实于人人先天自足的良知之上，这就极大鼓励了从士人到普通百姓各色人等学为圣人的热情，随着阳明心学的进一步传播，很快它就在思想界形成了一股来势汹涌的浪潮，并最终形成了明代思想界最具影响力的阳明学派。

由于阳明心学与程朱理学的分歧，以及王阳明自身在朝廷的树敌，其心学思想在相当长的一段时间内都处于被官学打压、排挤的地位。尽管如此，阳明心学依然得到了迅速的传播和发展，并在嘉靖时期进入顶峰，其中十分关键的一个因素便是王学讲会的开展。正德末年，王阳明主政江西期间，就通过讲学授众传播"致良知"之说，在其身边很快便聚集起邹守益、欧阳德、黄弘纲、何廷仁、刘邦采等一批年轻的心学信奉者和传播者，阳明学派因此得以正式建构。嘉靖初朝廷开始禁讲阳明心学，直到隆庆年间方才开禁，不过各地讲学活动恰在这一时期最为兴盛。王阳明本人自正德十六年秋回到浙江，至嘉靖六年九月应朝廷征召而出，其间他一直丁父忧赋闲在家，虽有朝廷禁令，他和弟子们却始终坚持讲学，湖广、广东、江西、南直隶等地的弟子们也纷纷前来，追随王阳明讲学，余姚、绍兴一下子成了当时心学的讲学重镇。嘉靖五年，以王艮为代表的王门弟子亦开始在南直隶开展讲会，可见王阳明生前王学已经传播至江西、浙江、南直隶等地。王阳明去世后，王门后学继续在各地推动讲会，甚至在京师地区也出现了阶段性的讲会。

嘉靖八年，一批王门弟子相继赴京赶考，如程文德、王玑、柯双华等都在当年高中进士，他们与在京为官的薛侃、欧阳德等王门弟子相聚讲学，把王阳明"致良知"之教带到了京师。己丑科状元罗洪先虽然未能在阳明生前拜入其门下，但其内心却是私淑已久，也积极参与了当时的讲会。不过，就在这一年二月，与王阳明素有嫌隙的吏部尚书桂萼刚刚召集廷臣，议定王阳明之学诚不足取，宜加严禁。这一结论得到了嘉靖帝的认可，并诏谕天下："敢有踵袭邪说，果于非圣者，重治不饶。"不久，薛侃等人便因触忤当道而相继谪出京师，罗洪先则于嘉靖九年告假回乡，因此当时京师的王学讲会未能进一步扩大影响。直到嘉靖十一年，京师讲会方才真正进入高潮。此时，曾极力打压阳明心学的桂萼已引病归乡，而王门弟子、身为议礼重臣的方献夫则于五月以吏部尚书兼武英殿大学士入阁辅政，形势终于开始朝着有利于王学传播的方向发展起来。于是，当时在京为官的王门弟子们又开始聚集起来，他们常常在庆寿山房相聚讲习。这一次，唐顺之也是其中的参与者。

实际上，唐顺之自嘉靖十一年服阕返京，立刻就感受到当时的京师有一种十分特别的氛围。很快，他了解到原来是王门弟子在京师掀起了一股讲习心学的热潮，好友罗洪先（十一年初假满回京补原职）以及同年程文德、杨名，还有八才子之一的王慎中都是其中的积极参与者。在吏部任职之余，唐顺之也和罗洪先等加入了讲会的行列。当时，每场讲会参与者少则四十余人，多则六七十人，以王门弟子为主，也有一些像唐顺之这样对王学多少有点了解但还未入门的人。毫无疑问，讲会的首要内容便是对于义理的探讨讲论，通常由一位学识、资历深厚的王门弟子担任主讲人，其余诸人则就其所讲内容进行提问讨论，或者先由众人讲说，主讲人听后再予以分析评论。此外，王学讲会有时也会让参与者一起静坐默考，即通过静坐来整理、澄澈内心思虑，这具有一种自我反省的效果。除了自我反省，讲会的参与者还经常互证所学、直指过错，以助改过迁善。可见，王学讲会不同于一般的学术集会，它既是以集体学习、探讨的方式来加深学者们对于义理的认识，同时还特别强调通过身体的操练以追求圣学的实践工夫，具有一种宗教实践的向度。而学者们在讲会中通过面对面的辩难互证、反省规过，还结成了一种超越于功利之上，甚至也超乎血缘之亲的赤诚友情，这股情感延续在生活中，使得王门弟子们在患难面前能够互相资助、体恤，甚至不惜以身家性命去解救同门友人。

通过参与王学讲会，唐顺之结识了欧阳德、戚贤、黄绾、林春等大批王门弟子，在他们的身上唐顺之看到了令人钦敬的深厚学识和各具魅力的人格风采。更重要的是，不同于一般士人对功名利禄的渴望，王门弟子无不执着于穷究自家性命下落，他们之间有着建立在共同信仰之上的坚固友情，这是一群与众不同的士人。其中，给唐顺之留下最深刻印象的非王畿莫属。

王畿（1498～1583），字汝中，号龙溪，浙江山阴（今绍兴）人。嘉靖二年他开始师从王阳明，在诸多弟子中尤得其师赏识。王畿善谈说，常常代师讲授，曾与同门钱德洪同主越中书院，有"教授师"之称，因此王阳明生前就将传播心学的重任交给了他。嘉靖五年，王畿与钱德洪奉师命赴京应试以扩大心学影响，顺利通过会试之后，因"其时当国者不喜学"，二人放弃了廷试回到王阳明身边继续学习。嘉靖七年末他们再受师命北上廷试，不幸途中接到了王阳明病逝的噩耗，便立刻赶赴江西广信（今上饶）料理丧事，为师守丧三年。嘉靖十一年，为完成王阳明生前遗愿，王畿与钱德洪三赴京师，并顺利考中进士，留吏部观政。在此期间，他们积极投入了京师的讲学活动，而他们的加入也让京师王学讲会迅速升温，吸引了大批士子参加，以至于车马塞途，原本在一处举行的讲学活动后来要分在四处进行。在讲学活动中，王畿以其出众的学问和伶俐的辩才尤为众人所推重，王门弟子公认他为"得师门晚年宗说"者，故凡有疑义，必请王畿相与辨析裁判。对此，唐顺之亦云："是时缙绅之士以讲学会京师者数十人，其聪明解悟能发挥师说者，则多推山阴王君汝中。"可以说，自从见到王畿，唐顺之便为其学识和风采所深深折服，凡是王畿所主之讲会他必参加，不仅如此，每每在讲会结束之后唐顺之还单独向王畿详细请教阳明学说。王畿见唐顺之虽是初学，却悟性极高，且笃志圣学，所以也十分乐意与其相交，对其提问无不一一尽心解答。至嘉靖十三年王畿迁官南京，唐顺之从王畿那里收获颇多，也因此与王畿结下了深厚友情。除了唐顺之，罗洪先对王畿也十分推重，日后回顾起这一段京师讲学时光，他说："忆壬辰（嘉靖十一年）与君（王畿）处，是时孳孳然神不外驰，惟道是求，泛观海内，未见与君并者。遂托以身，不之疑。"可见，王畿在当时对罗洪先、唐顺之等有志心学之士都有着非同一般的影响，而唐顺之正是在王畿的指引下、在好友罗洪先的砥砺下"始得圣贤中庸之道"，真正迈入了研习心学之路。自此，他们三人也结下了近三十年的深厚友谊，在人生和论学的道路上相伴前行。

唐顺之此番回京当是他一生在京师度过的最为充实、愉快的时光，虽然依然充斥着官场的明争暗斗，但是在这里他却结识了许多良师益友，他们一起切磋学问砥砺道德，也一起指点江山、激扬文字。只是，人生这样几近圆满的时刻总是短暂的。嘉靖十二年五月，罗洪先回乡奔父丧；嘉靖十三年，王畿触忤张璁，被调至南都金陵；同年，王慎中也因得罪张璁被谪为常州通判。看着朋友们一一离去，本来就对做官没什么兴趣的唐顺之渐渐萌生去官之意。

嘉靖十四年初，唐顺之在翰林院完成了校对《宝训》的任务，他知道按惯例自己很快会得到升迁的奖赏，但此时其心底归意已决，便以回避族子唐音会试为名上疏再告病假。偏偏这封奏疏引起了张璁的注意。一直以来，张璁都有心栽培这位自己亲手选中的会元，所以当年诋毁杨一清朝选舞弊时便对唐顺之格外手下留情，平日也时时想拉拢这位才子，只是唐顺之一直并不领情，心中不免有些忌恨。正巧这时有人向张璁打小报告："唐顺之告病是假，看不起您，远着您才是真！"张璁一听，勃然大怒，便将唐顺之告假奏疏扣下，派人逼其就职，怎奈唐顺之执意不从，张璁一怒之下代上拟旨准唐顺之以原职吏部主事致仕，永不起用！此旨一下，朝中大骇，张璁竟如此独断专权，众人皆为唐顺之抱不平，更为其深感惋惜。唐顺之却处之泰然，他已看透官场的互相倾轧、荣辱无常，如若继续在这里随波逐流，自己的学问文章只怕一事无成，而自己的心也将永无安宁。所以他毅然放弃了人们艳羡的飞黄腾达之路，开始寻找那条通向往圣先哲抵达此心乐处的大道。

就这样唐顺之无怨无悔地结束了第一段在京师的官宦生涯，四年后（嘉靖十八年）他又开始了人生中第二段更加短暂的为官岁月。

三、"翰林三直"

嘉靖十八年（1539）二月，嘉靖帝册立皇长子载壑（ruì）为皇太子，任命大学士夏言为太子的师傅，并令夏言与顾鼎臣等为太子推选宫僚。唐顺之以其卓越的才学和名望被召为太子东宫官属，官复翰林院编修兼右春坊右司谏。这一次，同被召为太子宫僚的还有好友罗洪先和赵时春。赵时春（1509~？），字景仁，号浚谷，平凉人，"嘉靖八才子"之一。嘉靖五年，时年十八岁的赵时春取会试第一（此科未开状元），选翰林院庶吉士，历户部、兵部主事，嘉靖九年因言事切直，被黜为民。嘉靖十九年，唐顺之与罗洪先、赵时春在京师重聚，三人同官翰林院（罗洪先为左春坊赞善，赵时春为编修兼司经局校书），居处相邻，再加上年纪相仿，志趣相投，于是"交好浸密，日相期许，以天下自任"，人称"三翰林"。此外，当时同为太子东宫官属的还有邹守益和徐阶。邹守益（1491~1562），字谦之，号东廓子，江西安福人，正德六年进士。嘉靖初，曾因"大礼议"忤旨而下狱。邹守益乃王阳明的亲炙弟子，也是王学在江右的主要传人。嘉靖五年，他在广德建复初书院（时为广德州判官），从此开始积极推动王学讲会活动，大力传播阳明心学。徐阶（1503~1583），字子升，号少湖，又号存斋，松江华亭人（今上海松江）。嘉靖二年以探花及第授翰林院编修。嘉靖九年因忤权臣张璁而被斥为延平府推官，后以政绩升为黄州同知，又擢为浙江按察佥事，进江西按察副使，俱视学政。嘉靖十八年，徐阶被选为太子宫僚，重新回到京师任司经局洗马兼翰林侍读，后来他累官至礼部尚书兼文渊阁大学士，并最终扳倒了嘉靖朝臭名昭著的奸相严嵩。徐阶青年时在华亭老家曾受教于著名的心学学者聂豹，对王阳明"致良知"之说十分信服，视学江西期间（嘉靖十六年至十八年）即向诸生大力宣讲心学。嘉靖十八年回京赴职之前，他还在南昌主持修建了仰止祠以纪念心学大师王阳明。

由于对心学的共同兴趣，唐顺之与罗洪先、赵时春、邹守益、徐阶等人于嘉靖十九年在京师再一次掀起了研习心学的一个小高潮，当时参与讲会的人员最多可至七十余人。除了积极参与当时的王学讲会，唐顺之、罗洪先与赵时春也共同关注着当时的政局，毕竟三人此次应召而出就是为了一偿心底共有的经世报国之志。而对于当时的朝臣来说，最大的困惑莫过于见不着皇上。实际上，自嘉靖十二三年以来，嘉靖帝就常常称病不视朝，甚至连宫中祭祀和祭天大典这样的重要活动他也遣官代祭，因此除了内阁辅臣，一般官员很少有机会能够亲自面圣禀报朝政。与此同时，大臣们发现宫中各种道教法事越来越多，甚至只有在各种斋醮活动中才能见到嘉靖帝的身影。原来，自议定"大礼"之后，嘉靖帝便逐渐把精力都放在崇奉道教上了。实际上，嘉靖帝自即位之初便在宫中大事斋醮，后因杨廷和等大臣竭力劝止方才收敛。嘉靖十年之后，宫中的斋醮活动又兴盛起来，嘉靖帝宠信道士邵元节，凡求嗣、祈福、驱病无不令他主持斋醮，甚至率领文武大臣一起参加。大臣们若胆敢对斋醮提出异议或者攻击邵元节，多会遭受嘉靖帝的严厉惩处。反之，那些恭维斋醮、善写青词的大臣则能获得皇帝的宠信而一路高升，当时的首辅夏言以及后来的内阁辅臣李春芳、严嵩、徐阶等无一不是写作青词的高手。自此，朝中风气大变，官员们再也不敢非议嘉靖帝崇奉道教一事，而中外争献符瑞以求爵禄者则不可胜数。

嘉靖十九年（1540），嘉靖帝身患重病一直未愈，在方士段朝用的建议下，他准备让太子监国以专心修炼服食成仙。八月，他诏谕廷臣："令太子监国，朕少假一二年，亲政如初。"当时，皇太子载壑年仅五岁，且册立不久，根本没有监国的能力和条件，嘉靖帝在此时退居，岂不天下大乱！太仆寺卿杨最抗疏力谏，结果惨死于杖下，举朝为之震骇。杨最之死暂时打消了嘉靖帝专事静摄的念头，而段朝用的仙术也没起什么作用。十一月初二嘉靖帝病情加重，道士陶仲文在宫中设坛祈祷，锦衣、亲军、都督、指挥、太常等官员也各修斋醮以祈圣寿。十一月二十五日，嘉靖帝病情终见好转，他立即加封陶仲文为少保、礼部尚书，封其妻为一品夫人。眼见着嘉靖帝如此崇信道教，打压正直，且多次托病不朝，身在京师的唐顺之、罗洪先和赵时春内心忧虑不已。据赵时春所作《唐荆川墓志铭》载："先生（唐顺之）深念天下之重，又以皆充讲官，连榻深忧曰：'进不得见上，退困于谗佞，尸禄不去，如天下何？'"最终，三人于嘉靖十九年末各自上疏，同请明年元旦太子出御文华殿接受文武百官朝贺。嘉靖帝原本就猜忌多疑，现在大病未愈更是忌讳提太子之事，因此一见此疏便十分恼怒，心想这不是明摆着认为他的病再也好不了了吗？因此便欲重处唐顺之三人。后来，在大臣们的多方周旋下方从宽处理，俱罢黜为民。

至此，唐顺之此次出仕刚满一年便以罢黜告终。作为太子宫僚，他与罗洪先、赵时春并不是不知道只要好好守住太子，他们的未来必定前程似锦。而面对每每托病荒朝、痴迷于道教长生的嘉靖帝，有杨最等人力谏致死在先，唐顺之三人也并非不知道此次上疏请皇太子接受朝贺会有什么样的结果在等待着他们。最终，为了国家社稷安危，他们依然选择了冒着生命危险递上疏奏。因此，尽管三人由此被黜为民，却因其忠心报国和直言敢谏为时人所重，赢得了"翰林三直"的美誉。嘉靖二十年春正月，唐顺之与罗洪先携家眷一起买舟南下，在彰义门外与赵时春作别时，赵时春有诗云："彰义门前官道柳，到时凋谢发时回。荣枯自是寻常事，闲逐春风归去来。"这首诗也道出了唐顺之内心所思，世事荣枯本非人力可控，所可控者唯有行事立身不负己心而已。眼见着京城在视线中逐渐模糊，唐顺之内心中并没有上一次（嘉靖十四年）致仕离京时的轻松、愉悦，他隐约感到大明王朝正一步步陷入更深的危机中。

第 3 章

家居岁月

自嘉靖十四年初触忤张璁以吏部主事致仕，至嘉靖三十七年三月应召出山，唐顺之在武进和宜兴度过了他二十多年的家居生活。其间，嘉靖十九年他曾短暂出仕（一年左右），以此为界又可将其家居岁月划分为前家居（嘉靖十四年至十八年）和后家居（嘉靖二十年至三十七年初）时期。在前、后家居的二十多年中，他深自沉潜且愈加勤力于学，因而"学问、文章、行谊益进"，是以虽幽居林下，却声名愈著，并最终奠定了自己在明代文学界、思想界不可磨灭的地位。此外，虽僻居乡间，他却并未安于独善己身，而是一直密切关注着大明王朝的命运，随时准备着为谋求国家百姓之福而贡献自己的智慧和力量。

一、唐宋派文学主将

嘉靖十四年春，唐顺之回到阔别三年的家乡，官场的倾轧纷争不见了，眼前是充满生机的农田，终日交接的是淳朴热情的乡民。陶渊明说过"久在樊笼里，复得返自然"，即便至今为官尚不满四年，唐顺之还是由衷地感受到了陶诗中那种解脱的快感。从此他别无干扰，一意沉酣于诗书。恰好先行谪官离京的王慎中此时正在常州附近为官，唐顺之读书之余常常与他相聚，二人一起切磋文章，饮酒赋诗，好不自在。

　　王慎中（1509～1559），字道思，号遵岩居士，福建晋江（今泉州）人。他少有文才，十八岁（嘉靖五年）就考中了进士。嘉靖十一年唐顺之回京复官，与王慎中由诗文结交，二人同列"嘉靖八才子"。当时王慎中在京师已文声颇著，唐顺之对他的雄俊博辩之才十分欣赏，而王慎中从一开始读到唐顺之的文章便为其才华所深深折服，及至见其本人更有相见恨晚之感。二人此番在常州重聚盘桓，感情自是又加深了一步。不久（约嘉靖十五年），王慎中迁官南京户部主事，后又升任礼部员外郎，都是没什么权力的闲职，他便把大量的时间都花在了读书上。当时的南京聚集着众多王门弟子，这里的讲学气息比起京城来说有过之而无不及，特别是嘉靖十三年王畿谪官来此以后，士人们之间相互研习、参证心学的热情越发高涨起来。王慎中此前在京城就曾向王畿请教心学之旨，现在留都相遇，平日公事一了便与王畿相聚论学，颇受启发。没想到这一段时日学问的精进竟扭转了王慎中文学创作的方向，他把自己近来求学、作文的心得对前来相会的唐顺之作了毫无保留的分享。

　　前面说过，嘉靖初年文坛上盛行的依然是"前七子"所倡导的复古之风，诗歌方面他们提倡以盛唐为楷模，对此"嘉靖八才子"提出学习六朝、初唐诗以纠正"前七子"学盛唐诗之偏，并取得了一定的成绩。文章方面，以李梦阳、何景明为代表的复古派则要求学习秦汉古文，王慎中和唐顺之这两位文章高手之前就一直深受其影响。王慎中好读古书，汉朝以后的文章从来不看，所作之文颇有秦汉风骨；唐顺之则酷爱李梦阳的诗文，以至篇篇能诵，一一仿效，所以二人论文很是投机。而王慎中自来南京潜心读书，在与王畿等心学门人讨教切磋中学问大为长进，同时他开始接触以往从未留心的宋儒著作。没想到这一读就放不下手，越读越欣喜也越读越懊悔，喜的是天下竟有像曾巩、王安石、欧阳修写的这样好的文章；悔的是自己二十多年来学文作文的工夫真是全白费了！所幸省悟得还不晚，从此之后王慎中专注于学习宋人文章，他甚至把之前仿效的秦汉之作全部付之一炬。看到好友的这番转变，唐顺之一开始并不理解，在他看来宋人的文章头巾气太足，充斥着各种说教，又都是老生常谈，真不知王慎中为何如此着迷？王慎中也不与他辩驳，只是告诉唐顺之："你回去把宋儒的书拿出来好好读一读当自有收获，再提笔写一写，你会发现宋人的文章不是那么好做的！"唐顺之听了不以为意，但素来信任王慎中，回去便把二程、朱熹、欧阳修、曾巩等人的著作翻出来读。起初也不觉得怎么样，读了大半个月之后才逐渐体会到其中的妙处。原来宋人所作文字朴实简淡，乍看之下并不吸引人，但是妙在阐说义理精辟透彻，可谓句无虚语，十分耐读。此外，宋人文章深得秦汉文精髓，相形之下"前七子"以来文人们字模句拟实际只学得秦汉文的皮毛，自己也不例外。唐顺之这才领悟王慎中为什么转学宋文并焚其旧作，只可惜天下人和自己之前一样，只知道有秦汉文，不知道唐宋文自有佳处。

自此，唐顺之也改学唐宋古文，讲求文道合一，注重文章法度，其作与之前相比可谓别开生面。他还和王慎中一起在一片文宗秦汉的呼声中独树旗帜，高倡学习韩愈、欧阳修、曾巩、王安石等唐宋八大家古文，先后得到了李开先、罗洪先、赵时春等一批才子的声援响应，稍晚又有茅坤、归有光推波助澜，使得"前七子""文必秦汉"的复古之风在嘉靖中期得到遏制。唐顺之与王慎中也因其杰出的古文成就被后人并称为"毗陵、晋江"，还与茅坤、归有光一起被看作明代文学史上反对复古、提倡革新的先声——"唐宋派"的核心成员。而作为唐宋派文学主将，唐顺之不仅以其各体兼备、"洸洋纡折，有大家风"的古文创作著称，他还是唐宋派最重要的理论建设者，其所论"文必有法"及其后来所编纂的《唐宋名贤策论文粹》（八卷，嘉靖二十八年）和《文编》（六十四卷，嘉靖三十五年）都为后学指出了学习古文的具体门径，具有十分深远的影响。此外，唐顺之还将古文的写作理念和技法全面引入八股文，即所谓"以古文为时文"，为时文写作注入了新的活力，开创了明中期以后时文创作的新方向。唐顺之也因此成为明代历史上最为著名的八股文名家，与王鏊、钱福、归有光并称时文"四大家"。

二、宜兴幽居，致力问学

　　唐顺之自幼勤力学习，身体一直比较孱弱。此番罢官（嘉靖十四年），对他来说不仅脱去了心灵的桎梏，更可借机好好调养身体。距离武进不远的宜兴是唐顺之十分心仪的颐养身心的所在。宜兴古称阳羡，这里东临太湖，三面环山，洞幽泉美，物产丰富，其中尤以竹子最为著名，在东南一带向来为隐逸之士所好。唐顺之的母亲任氏就是宜兴人，罢官后他终于得以在这片向往已久的山水中游历身心。唐顺之的舅舅任光禄自号"竹溪主人"，在宜兴荆溪之畔营造了一个园子，里面种满了竹子，竹林间又建造了一座小楼，常与宾客吟啸其中。唐顺之很喜欢这里，尤其是满园的翠竹。竹子虽没有石头的巧怪之形，也没有花的妖艳绰约，但其孑然独立的姿态恰如持节自守的君子，令人相对而生敬意。在唐顺之的眼中，舅舅任光禄便是一位不为繁华所动、不妄与人结交而持节自守的君子，实在不枉"竹溪主人"这一雅号，他把对舅舅人品的尊敬以及对小园的喜爱都写入了《任光禄竹溪记》这篇文字不长却十分风雅别致的文章中。

在宜兴，唐顺之因声名卓著很快就结交了一批当地的名士，有一些甚至是年纪比他大许多的忘年交，其中交谊尤深的要数杭封、万吉二人。杭封，字锡贤，号日惺，宜兴人。他的父亲杭济和叔叔杭淮是弘治朝著名的诗人，与"前七子"李梦阳、徐祯卿等人多有诗文唱和，被后人誉为"双溪争艳，二杭同芳"。杭封自小随父亲各处宦游，认识不少海内闻名之士，后来还师从湛若水、邹守益、吕柟三位大儒，因而识见不凡，可惜科考始终不第，多年来一直隐居在宜兴乡里。嘉靖十四年，唐顺之与他结交时，杭封已年近五十，近二十岁的年龄差距并没有阻挡住两位因声气相投而结为至交。从此，唐顺之每到宜兴多在杭封的别业中小住，二人相聚时，或相对一室讲经论史，或相携出游，足迹遍至宜兴东、西二溪以及铜官诸山。

万吉，字克修，宜兴当地望族。万吉为人方严刚峻，是一位不苟言笑的"庄士"。他信守古道，以古人为师，平日读书每见古人忠孝大节便书于家中墙壁，时时警醒磨砺自己和家人。他既"执古自信"，便以"古"作为自己的书斋名，因此宜兴的儒生们都尊称他为"古斋先生"。万吉虽比唐顺之年长二十来岁，但他对这位年轻后辈的才华和人品钦慕已久。听说唐顺之罢官回乡，万吉就准备去武进登门造访，正巧唐顺之养病客居宜兴，便立刻前去拜会。这一见，果然名不虚传，万吉心里颇有相见恨晚之叹。不久，他就领着次子士安、三子士和拜入唐顺之门下，他自己也时常向唐顺之请教学问。

万吉在学问上笃尊经传，谨守格式，是朱熹理学思想的忠实信徒。他的一位朋友周通是王门弟子，经常向万吉灌输心学思想，一直怂恿万吉和他一起跟随王阳明学习，却被万吉断然拒绝。而唐顺之此时正是学杂朱王的时期，一方面在王畿、罗洪先的影响下不断参证心学，以"反求自得，一不蹈袭，独操霸柄"为自己的学说主张；另一方面受王慎中的影响开始看宋儒文章，唐顺之对程朱学说钻研渐深，对其讲求扫除私欲的工夫尤为认同，提倡为学须细细磨炼，铢寸累积。可见万吉与唐顺之在学问上有相合亦有不相合的地方，二人切磋学问遇到分歧必反复辩证，不求苟同，终而收获颇多。经过一段时日的交往，万吉对唐顺之更为推服。有一次刚从唐顺之那里讨教回来，他便把两个儿子喊到面前，语重心长地说道："荆川先生不仅学问广博，他的志趣高迈、造诣精深就如同凤凰翱翔于千仞之上，岂是斥鹦辈可以想象企及的！你们若能学到先生的九牛一毛，便足以自立，我就是死也没有什么好遗憾的了！"而唐顺之对于万吉的朴直淡泊、急公好义也十分敬服，相交不久便将他引为知音，客居宜兴期间与他往来十分密切。除了辩证学问，共赏奇文，二人也时常结伴畅游山水，佛庐仙洞、水曲山窈无不毕至，花木玲珑、禽鸟啁啾，尽以悦目赏心。唐顺之后来在给万吉所作的祭文中描述这一段交往时写道："余有所往，不告于僮，僮来相寻，知必在公。公命家人，为具客食，家人不问，知余为客。"可见二人交往之密。这种真挚的友情后来又为两家缔结了一门亲事，唐顺之的儿子唐鹤征娶的正是万吉的孙女儿（万士和的女儿），唐、万两家的血脉终至融合为一。

除了这两位忘年交，与唐顺之往来较多的既有谈得来的当地官员，也有在此修行的和尚道士，还有普通的平民百姓如药人、农夫等。唐顺之把与他们的交往写入了一篇篇诗歌中，在他看来宜兴的人情之美来源于这里的山水风土之美。而宜兴的山水之美不仅在于它的清和幽，更是一种充满灵性的美，身处其间，人们内心的浮躁可以得到澄净，疲惫可以得到涵养。唐顺之在这里找到了修养自己身心的一方乐土，嘉靖十五年末他便把妻女接来一起居于宜兴山中，结束了在武进和宜兴之间的奔走的生活。从此，他自号"荆川"（得自于宜兴城内的荆溪之名），足见其对宜兴的钟爱之情。

一家人在宜兴暂时安顿了下来，唐顺之也得以全身心投入对学问的探求中。自从嘉靖十二年罗洪先回乡奔父丧、嘉靖十三年王畿谪官南京以来，唐顺之与这些探讨学问的师友便各在一方，鲜有机会相见。但唐顺之的向道之心却并未因师友的远离有丝毫减弱，特别是嘉靖十五年的夏天，王畿以及王阳明门下另一高徒、泰州学派的创始人王艮（1483~1541）来武进相访之后，唐顺之愈加感到时不我待，正是人生有涯而学业无涯！从此，他一方面潜心研读儒家经典，另一方面努力以身践行。

说起读书，唐顺之从小就痴迷其中，且涉猎极为广泛，历史、天文、地理、辞章可谓无所不读，无所不喜。但他对科举考试的必读书目——儒家的四书五经，特别是朱熹的注本并没有多少兴趣（尽管他对时文用功颇深）。直到王慎中向他大力推荐宋人文章，唐顺之这才将一向被自己束之高阁的宋儒著作又翻了出来。这一次他放下成见，潜心阅读，一开始关注的还是王慎中所激赏的辞章结构，不久便被宋儒对义理的阐发所深深吸引，原本枯燥乏味、陈词滥调的文章如今看来却是字字珠玑。其中，唐顺之对二程（程颢、程颐）和朱熹的著作尤为信服。在写给妹夫王立道的一封信里，他总结了自己近来读书的体会：以往花费了许多时间和精力所从事的诗文写作以及博闻杂记都不是安身立命之学，这些东西就好比零食只能解馋，不能充饥；倒是被世间聪明人冷落太久的二程、朱熹等宋代大儒的著作里蕴藏着极为精妙的道理，可惜大多数人蔽于文字，以至老死无闻！而自己差点就落入了"聪明人"的下场。有了这番反思，唐顺之从此逐步收束起自己对诗文创作的喜好，除了难以推托的人情文字，他提笔甚少，把全部的精力都投入对性命之学的研习中去了。除了学习宋儒对儒家经典的阐释，唐顺之对于汉儒笺注的经典并未完全否定，在他看来汉儒笺注虽溺于对章句名物典章制度的考据训释，缺乏对经典义理的探寻，却不能说这些考据毫无用处，善学者可以循此准确、扎实地解经典文字，进而把握住文字背后所蕴藏的道理。因此，十三经注疏特别是其中的"三礼"（《礼记正义》《仪礼注疏》《周礼注疏》），唐顺之也是下了功夫细细读过的。

读书穷理之外，唐顺之更加强了自身的修养实践。这期间，他首先要解决的问题就是如何克制住自己心中过分的私欲。唐顺之继承了宋儒对"天理人欲"问题的看法，认为"天理"是支配着宇宙人生万事万物的普遍原理（或原则），它既体现为自然的法则和规律，也是人以及人类社会的道德本质和原则。"人欲"则是人与外物接触后产生的感性欲望。"天理"与"人欲"（特别是一己"私欲"）相互对立，二者之间的消长关系到人心的存亡，而学者为学的目的就在于如何控制私欲，复归人的道德本性。在实践中，他体会到克制私欲并不是一件容易的事情，愈用功愈发觉私欲植根之深，因此需要学者"努力聚气，决死一战"，还需下细致长久功夫，否则极易半途而废。唐顺之在僻居宜兴山中的这段时间里刻苦自励，对自身种种欲根、习气毫不放过，逐个细细清除，一番工夫下来成效颇著。嘉靖十八年秋，唐顺之北上京师途经南京与王畿论学，王畿就对其家居以来去欲的工夫给予了充分的肯定，赞其"近来造诣迥别"。

总体来说，唐顺之前家居期间学杂朱王，一方面注重对宋儒所注经典的细细研读，另一方面则关注去私欲的实际工夫。嘉靖二十年再遭罢官之后，唐顺之开始采取静坐的方法来收摄精神摒除私欲。在静坐中他通过反身自观，逐渐体悟到所谓"天理"原在自家心中，不假外求，因此为学不在向外用功，当反求于心。由此，唐顺之开始摆脱程朱理学的影响，真正在心学的世界中登堂入室，并在其四十岁前后逐步形成了自己"以天机为宗，以无欲为工夫"的学术思想，成为南中王门的重要传人。

在前、后家居期间，随着唐顺之声名渐响，越来越多的人赶往宜兴和武进（嘉靖二十三年以后唐顺之居于武进侍奉老父）投其门下，从其游学。在宜兴，除了前面提到的万吉的两个儿子万士安、万士和，当地许多读书人也跟随唐顺之学习八股时文。作为时文大家，唐顺之并不仅仅教人时文技巧，而是以明辨义利为先。他一再向学生强调举业、艺文并不是求取功名利禄的工具，所谓"苟真有为己之心，则经义策试亦自可正学以言"——进学之初若真正立下为己之心（穷究生死根因，了自家性命下落），那么举业亦可成为"正学"之方、行义之助。实际上，唐顺之自己就是这么做的，所以他早年虽用功举业，心灵却并未受蒙蔽，反而以此奠定了他日后入道的根基。后来，唐顺之虽不再教授举业，却依然以明辨义利为学者先务，这其实也是针对当时"声利之焰，薰塞宇宙，寡廉而鲜耻，儒生习见以为当然"的士风而言的。此外，义利之辨也与唐顺之一生为学所注重的去欲工夫相统一，他说："自声色货利种种病根，以至于有意为善皆利也；自辞受取予之节，以至于行一不义、杀一不辜而得天下勿为皆义也。"可见，去欲工夫必定要落实于明辨义利、舍私利取大义上来。而唐顺之一生的出处进退、立身行事莫不以此为基本准则，一代廉臣洪朝选（1516~1582）在唐顺之后家居期间曾追随其游学一年，唐顺之的学问、人品莫不给他留下深刻印象。据洪朝选为唐顺之所作《行状》载，唐顺之前、后家居期间，缙绅士大夫慕其高名者多有钱财馈赠，对此唐顺之从不收受，所拒钱财多达三千金。而每逢饥馑灾荒，唐顺之却常常倾其所有助百姓度难。唐顺之的急公好义、不求私利给他的后人和学生作出了优秀的榜样。其子唐鹤征（1538～1619）疾恶如仇，万历时期曾疏劾阉党而遭忌，归居乡里之后与顾宪成常讲学于东林书院，是东林学派的重要骨干。而作为东林党领袖的顾宪成（1550～1612），青年时代即已高倡"风声雨声读书声声声入耳，家事国事天下事事事关心"，他虽未能在唐顺之生时亲炙其教，心中却私淑已久，唐顺之舍一己之私利、成天下之公义的精神，毫无疑问在他和东林党人的身上都得到了延续。

授徒讲学之外，唐顺之也不时走访各地学友以相互参证共进。前家居期间，因父亲正在南京任职，故唐顺之时常有机会去南京与一干同道交流。除了已经提及的王慎中，当时先后在南京停留的还有欧阳德、程文德、王畿、戚贤等王门中人。正是在与这些友人不断的相互切磋砥砺中，唐顺之越过了一道道困难险阻，在问学的道路上越走越远。其中，他与王畿的交谊最为深密。据王畿《祭唐荆川墓文》云："粤自辱交于兄，异形同心，往返离合者，余二十年，时唱而和。或仆而兴，情无拂戾而动无拘牵，或逍遥而徜徉，或偃仰而留连，或蹈惊波，或陟危巅，或潜幽室，或访名园，或试三山之屐，或返五湖之船，或联袂而并出，或枕肱而交眠，或兄为文，予为执笔，或予乘马，兄为执鞭……千古上下、六合内外，凡载籍之所纪、耳目之所经、心思之所及，神奇臭腐，无所不语而靡所不研。朋友昆弟、情敬异施，惟予与兄率意周旋……"可见，自嘉靖十一年唐顺之与王畿在京师由问学结交，从此二人便结下了深厚的友谊。对于唐顺之来说，自其进学之初王畿便一直是他的引路人，他在学术上的每一次进步都离不开王畿的帮助，甚至在其晚年出山御倭于江海之上，王畿也曾在他身边促其进学。因此，尽管二人论学旨趣不尽相同，唐顺之却终其一生都把王畿当作自己进道的良师益友，时常语人"于龙溪仅少一拜"。此外，对于自己进学道路上另一位十分重要的引路人罗洪先，唐顺之自嘉靖二十年罢归与他再别，各自都僻居乡里一心进学，其间相会不过数面，二人却始终心有灵犀，在求道之路上共同前行。在罗洪先的介绍下，唐顺之还结识了著名的阳明学者聂豹。作为王门后学中"归寂派"的代表人物，聂豹"致虚守寂"的学术思想以及提倡"静坐"的工夫论，都对唐顺之有着十分重要的启发，正是在与聂豹的反复辩证中，唐顺之最终形成了自己"天机自然"的心学思想。

三、经世之学

唐顺之前、后家居期间致力于心性之学，以圣人自期，努力精进，终于形成了自己"以天机为宗，以无欲为工夫"的心学思想，成为明代心学史上一位著名的学者。与此同时，他并没有安于一己静修、空谈性理，未尝一日忘怀家国天下之忧。实际上，对于嘉靖朝的统治危机唐顺之一直有着十分清醒的认识。嘉靖帝性情褊狭、刚愎自用，只有那些善于谄媚逢迎他的官员才能得到重用，朝中仗义执言的大臣们屡遭打击，鲜有善终。此外，前面说过嘉靖帝热衷道教，每举行法事必定大为铺张，劳民伤财。大臣们对于道教迷惑视听、并无实用的妖术伎俩多次上书明言规谏，嘉靖帝却痴迷其中，对于斋醮以及各种长生之术乐此不疲。道士们因此先后得到皇帝的宠信，不仅被赐以大量金银宝物，还能加官晋爵，其中道士邵元节曾官至礼部尚书，后来的陶仲文更是以一身兼领少师、少傅、少保三孤之职，明代得此尊荣者仅此一人。嘉靖帝把大部分时间和精力都投入崇奉道教中了，对于国家政务却越来越疏远。嘉靖二十一年（1542），宫里爆发了震惊内外的"壬寅宫变"，嘉靖帝在十月二十一日夜间差点被一群不堪其长期淫威的宫女勒死。虽然暗杀终未成功，参与谋逆的两位妃嫔及十六位宫女后来都被处死，嘉靖帝却受到了极大的刺激，从此搬出皇宫大内移居西苑，直至去世。在居于西苑的近二十五年中，嘉靖帝更是一意修道，终日诵经炼丹、祈求长生，对朝廷政务愈加懈怠。而善于取媚的严嵩正是从嘉靖二十一年开始跻身内阁参与机务，凭着皇帝的恩宠，极度贪婪的严氏父子专权长达二十年，造成了嘉靖朝后期政治极度黑暗腐败的局面。他们卖官鬻爵，招权纳贿，对于异己则极尽打压迫害之能事，致使吏治大坏。下层官吏则上行下效，对百姓巧取豪夺、搜刮盘剥，使得民不聊生，国家入不敷出。更为糟糕的是，明朝自开国以来就一直存在的边患危机，到了嘉靖朝便越发严重了。

在北方，蒙古族鞑靼、瓦剌、兀良哈三部长期威胁着北部边防的安全，他们时常侵入长城以内掠夺人口、牲畜、粮食以及各种财物，所到之处杀伤军民无数。嘉靖帝即位之初就开始重点整顿北部边防，以抵御蒙古族各部的侵犯。但是由于边防废弛自明朝中期以来就已十分严重，所以一时间根本难以扭转明朝在北方与蒙古族对抗的劣势。此外，自嘉靖十一年以来，鞑靼小王子部和俺答部多次向明廷提出希望恢复双方中断近三十年的朝贡关系，互通贸易，加强彼此间的经济联系。这本是和平解决当时北部边患的极好契机，但是妄自尊大而又猜忌多疑的嘉靖帝却以为这是鞑靼的缓兵之计，一再拒绝他们的通贡要求，并纵容官军将多位鞑靼使臣诱捕杀害，这就激起了鞑靼各部的恼怒从而大举南下内犯。嘉靖十一年鞑靼小王子部通贡失败，就曾以"不得请为憾"，拥兵十余万入犯；嘉靖二十年（1541）、二十一年俺答两次通贡失败，俺答使臣石天爵和肯切二人还被处以磔刑并传首九边枭示，致使俺答两次大举内犯，其中嘉靖二十一年的入犯持续了一个多月，蒙古兵劫掠了十个卫所、四十余县，杀掠百姓二十万，抢走了牲畜二百多万头。北方百姓为嘉靖帝失误的对虏政策付出了极为惨重的代价，可嘉靖帝仍然固执己见拒绝通贡，北方边患还在不断升级恶化中。

在南方，由来已久的倭患也一直威胁着明朝东南沿海一带的安全。实际上，倭患早在 14 世纪中叶明朝刚开国的时候就已存在。由于当时的日本正处于南北朝分裂时期，国内封建诸侯相互割据混战，一些在战争中失去主家流散各地的武士、浪人就和西部沿海地区的封建领主纠合起来，他们同海盗和商人一起来到朝鲜的黄海沿岸以及中国沿海地区，进行走私和抢劫等海盗活动，被时人称作"倭寇"。此外，明初被朱元璋打败的张士诚、方国珍率农民起义军残部逃入沿海岛屿，他们与倭寇相互勾结，从而造成了明初倭患的加重。对此，太祖朱元璋一面大力加强海防建设，严厉打击倭寇的侵扰；一面实行海禁政策，禁止沿海居民私自出海贸易，并设立市舶司，由官方垄断和管理一切对外市舶贸易。朱元璋的海防政策缓和了明初一度严峻起来的倭患。明成祖永乐十七年（1419）六月，明军又在辽东半岛取得了望海埚大捷，全歼倭寇一千多人，这是明初抗倭斗争的一次重大胜利，倭寇的气焰和实力均遭受重创，此后几十年间竟不敢来犯，明朝海疆一度十分平静。到了宪宗成化年间，日本进入战国时代，群雄并起，相互之间攻伐不断。而随着日本经济的整体发展，各诸侯国都争相与明朝通商，但限于明朝的海禁政策，以及明廷只认可两国之间的"朝贡"贸易，每次日本入贡的时间、船只数量、人数都会受到严格的控制，这自然满足不了日本各诸侯国急剧膨胀的贸易需要。正是在此种情形下，嘉靖二年（1523）宁波爆发了"争贡"事件，最终导致明廷于嘉靖六年革除了浙江市舶提举司，希望通过断绝朝贡贸易以消除倭患。但是明廷在"争贡"事件中所暴露出来的吏治腐败、海防废弛、军队实力孱弱不堪一击等诸多问题，使得倭寇自此有了轻视中国海防之心，因此前往中国沿海进行骚扰、抢掠的欲望又在他们心中渐渐燃烧起来。此外，市舶司的废除堵死了原本就十分有限的正常贸易渠道，民间走私贸易也因此迅速发展起来。在这些非法贸易中，中国商人以及一些官家经常侵吞日本人的商货，不甘心的日本人就盘踞在附近的海岛上以抢掠来进行报复。不久，这些倭人又与中国海盗勾结在一起，有了熟悉内地情况的中国人做向导，倭寇们也就敢于深入中国内地进行骚扰抢掠。自此，倭患一步步升级，给沿海人民的生命财产带来了极大的威胁和损失。

唐顺之在嘉靖十九年第二次罢官之后就一直僻居东南，但是朝中政局的变化、国家边界的安危他一直都放在心上。实际上，嘉靖二十年春，唐顺之在京师与罗洪先、赵时春作别时就发出了"不十年，北虏南倭必大作"的忧叹，以不能在朝为国鞠躬尽瘁、死而后已为憾。事实证明了唐顺之当初的顾虑并非杞人忧天，正是对于时势的这番深刻洞见使得他即使"处江湖之远"，也时刻保持着一份强烈的忧患意识。当我们今天翻检各种关于唐顺之传记资料的时候，可以发现其中都提到唐顺之后家居期间除了一意钻研性命之学，也曾用功致力于各门经世之学。据洪朝选所作《行状》云："公虽去宫官，心未尝一日忘天下国家。既削籍不仕，于是一意沉酣六经、百子、史氏、国朝、故典、律例之书。始居宜兴山中，继居陈渡庄，僻远城市，杜门扫轨，昼夜讲究，废寝忘食。于其时，学射学算，学天文律历，学山川地志，学兵法战阵，下至兵家小技，一一学习……于是，公学问浸涵淹贯，道大艺备，粗细靡遗，精神完固，始有翻然用世意矣。"可见，唐顺之当时所学十分广泛，且多以实用为主。其中，他对于历史、故典、律例的精研是为了以史为鉴，通过吸取古人的经验教训使得后人能够少走弯路、歧路，由此他后来以历史为素材，编纂了《左编》《右编》两部卷帙浩繁的巨著。

关于《左编》，唐顺之在序言中提到"《左编》者，为治法而纂也，非关于治者勿录也"，因此这实际是一部为统治者所编纂的治政之书。该书共一百二十四卷，以历代正史所载君臣事迹纂集成编。不同于一般的史著。《左编》分君、相、名臣、谋臣、后、公主、戚、储、宗、宦、幸、奸、篡、乱、莽、镇、夷、儒、隐逸、独行、烈妇、方技、释、道共二十四门。在唐顺之看来这些都是有关历史兴衰治乱的重要方面，从这二十四类出发，他选取了历史上的重大事件述其始末，以昭示后人治乱之关键。值得注意的是，唐顺之在《左编》中对于历代宦官酷吏叙述得尤为详备，这正是针对明朝正统年间以来屡屡出现的宦官擅权、吏治大坏的情况而言的，对时人来说实在有当头棒喝之功。至于《右编》，共计四十卷，分类汇辑了自汉至元以来历代名臣的议事之文，包括奏疏、议论等。唐顺之在序言中说明之所以将此编命名为《右编》，乃是取"古者右史记言之义"。所谓"人情世事，古犹今也"，他汇辑古代名臣的议政之文同样是为了今人治政能够有所借鉴。不过，据《四库全书总目提要》记载，《右编》尚未结稿唐顺之便已经辞世，后来万历年间焦竑得其残本，由南京国子监祭酒刘曰宁、司业朱国桢仿《左编》义例定其部分、补其阙疑后付梓刊印。但所补之文多以辞藻见收，已失唐顺之以史为鉴的本意了。

除了遍览古史，阅尽天下兴亡治乱之所由，唐顺之也十分留心于山川地志、兵法战阵。这在一般习惯了舞文弄墨、一辈子和笔墨打交道的文人看来，似乎很难理解。一介书生费力气研究这个，难道真的不顾斯文，要去沙场上和人舞刀弄枪？事实上，别看唐顺之自小体弱，手无缚鸡之力，但是在他的心中确实很早就期盼着有朝一日能够亲上战场，为了国家，为天下苍生而战。好友李开先在《康、王、王、唐四子补传》中这样说道："（唐顺之）自始仕，即奋然有以身殉国之志，见天下无事，士大夫雍容文墨，赋诗弈棋，宴饮高会，辄不喜。故其自为，常闭门读武经战书，考究山川险易，兵马强弱，士奇禽乙，孜孜不倦。见者笑其学杂多事，卒之南北寇虏交侵，搜求武才，而唐子始以所长表见矣。"正是由于一开始就怀着不同于一般文人的报国志向，唐顺之才能够时刻关注着天下时局的变化。当别的士子还沉浸在琴棋书画、宴饮游乐中时，他已敏锐地洞察到未来形势走向，早早把精力从诗文创作转移到研习军事中去了。除了考察山川地志，唐顺之对于兵法似乎更感兴趣，李开先提到唐顺之常常闭门读武经。所谓"武经"，也就是"武经七书"，或称"武学七书"，由《孙子兵法》《吴子兵法》《六韬》《司马法》《三略》《尉缭子》以及《李卫公问对》这七部古代著名的兵书组成。元丰三年（1080），宋神宗下诏校订这七部兵书并汇编刊行，号称"七书"，武经七书即源于此。从此"七书"还被指定为官书，成为教授军事理论和考选武举的基本教材。唐顺之有意研习军事理论，这七部书自然是最佳的入门之径。当然，唐顺之读书向来以广博著称，即便是兵书他读的又何止这几部，在他后来所编撰的《武编》中，仅前集我们就能发现他所涉猎的兵书以及相关军事文献资料不下四十余种。

《武编》是一部汇辑了历代兵书以及其他典籍中有关军事理论资料的军事类书。《武编》分前后二集，共十二卷。前集六卷，分为将、士、制、练、令等五十五门，主要辑录有关兵法理论方面的资料，内容包括将帅选拔、士伍训练、行军作战、攻防守备、计谋方略、营制营规、阵法阵图、武器装备、人马医护等。后集六卷，分料敌、抚士、信、勇、严、赏、罚等一百三十四门，全部为用兵实践，所录皆为出自古代史籍中有关治军和用兵的故事，以为借鉴。唐顺之撰《武编》不仅对于历代兵法典籍以及唐宋以来名臣奏议旁征博引，还特别注意收录当时的一些军事资料，例如前集卷四就辑录了赵本学、俞大猷有关阵法的论述，还有当时被称为"秘战"的戚继光的鸳鸯阵法。前集卷五还记录了水雷在明朝抗倭战争中所发挥的巨大作用，这是我国关于水雷使用的最早的文献记录，显示了我国是世界上最早发明和使用水雷的国家。总之，《武编》中有不少材料或者仅见于该书，或者为该书首次辑录，所以直到今天它依然具有一定的史料价值。而在当时，唐顺之编撰《武编》是有慨于明廷武备废弛，军队战斗实力极弱，致使在抵御北虏南倭的战斗中一直处于劣势这样一种情况。因此，《武编》的编撰可谓"一切命将驭士之道，天时地利之宜，攻战守御之法，虚实强弱之形，进退作止之度，间谍秘诡之权，营阵行伍之次，舟车火器之需，靡不毕具"，对于执政者振兴武备，用兵者强兵锐卒，克敌制胜都有着十分重要的参考借鉴价值。《武编》虽然是唐顺之纸上谈兵之作，但他后来出山，北上巡视边情、整顿兵备，南下剿灭倭寇，《武编》中的军事理论思想都发挥了极为重要的作用，从而使他取得了一定的战功和成绩。《四库全书总目提要》论此书："是编虽纸上之谈，亦多由阅历而得，固未可概以书生之见目之矣。"可见，经过了军事实践的检验，《武编》绝不是一部华而不实的空谈之作。

　　唐顺之心里既有亲上战场杀敌报国的愿望，后家居以来，他就不仅博览兵书，积累起一肚子的文韬武略，还开始学起枪、棍、剑、拳、骑、射等各种兵家技艺。在各种技艺中，他最擅长枪法和射箭。唐顺之的枪法得自于一位名叫杨松的河南人，开始学枪的时候，唐顺之已经有三十六七岁了，虽然没有多少武术功底，但好在他之前学过射箭，而且据说水平相当不错，沈炼以及罗洪先的弟子胡直就曾向唐顺之讨教过射艺。唐顺之的同年兼文友皇甫汸在《观唐太史吴门射歌》中描述了唐顺之精湛的射艺，他在诗中这样写道："左肘能教置杯水，右手引弓轻发矢。风前报道百叶穿，云际惊看两鸿死。是时观者愕相向，我亦心雄气增壮。"唐顺之的弟子万士和也曾多次作诗赞誉其师射艺高明，其中《戏咏荆师射诗》写道："山西侠客射雕手，犹叹吾师用术工。持处虎蹲还据石，发时鹰击又乘风。印空绝影虚闻响，落地无尘已没锋。岂是屠龙无所售，幻来余技亦神龙。"这两首诗出自唐顺之的好友和学生，其中肯定不乏誉美之词，却也不妨碍我们据此想象一下唐顺之张弓射矢的勃勃英姿。

有了之前学射的根基，唐顺之在高人的指点下，经过一番勤学苦练，其枪法也达到了极高的水准，当时的名将俞大猷和戚继光都曾与他切磋过枪法。戚继光在其所著《纪效新书》（十八卷本）中就记录了自己与唐顺之有关枪法的一段对话："巡抚荆川唐公于西兴江楼（位于今杭州萧山西北钱塘江南岸）自持枪教余，继光请曰：'每见他人用枪，圈串大可五尺。兵主独圈一尺者，何也？'荆翁曰：'人身侧形只有七八寸，枪圈但拿开他枪一尺，即不及我身膊可矣。圈拿既大，彼枪开远，亦与我无益，而我之力尽难复。'此说极得其精。余又问曰：'如此一圈，其工何如？'荆翁曰：'工夫十年矣。'"唐顺之与戚继光这里所探讨的"圈枪"是步战枪法中最为重要的防中寓攻之法，是六合枪的精粹。唐顺之对于枪圈拿小的这番说明如此精辟，戚继光也为之激赏不已。可见，唐顺之不仅枪法高明，其武学见解也着实不俗，这和他博览各种武学典籍、通晓武学原理是分不开的。在唐顺之编撰的《武编》中，其前集卷五就详细记录了前人有关射、甲、拳、枪、剑、刀等多种武术兵器演练技巧、诀窍的论述。正是有了如此丰富、深厚的武学理论积淀，唐顺之才能准确地把握住武学精髓，练就了一手上乘枪法和射艺。当然，武术绝对不是光说不练的假把式，理论修养之外，持之以恒的勤学苦练更为重要，所以唐顺之对戚继光强调要练成"如此一圈"就需要十年工夫。

唐顺之后家居期间为了学好兵家技艺，与四方技艺能者包括僧人、道士有颇多往来。唐顺之作过一首《峨眉道人拳歌》，在这首诗里出场的则是一位来自峨眉山的僧人。后来这首诗被收录进《峨眉山志》，成为后人了解峨眉拳法的重要文献资料。

唐顺之以武会友，碰到这些武术高手必定虚心求教，反复切磋。对于那些怀有一技之长的登门造访者，唐顺之无不将其奉为上宾，多加礼遇。为了学到高手们的绝招，他还不避寒暑，不惮险远，多次登门求教，务求以尽得其技法精髓。唐顺之本为一介书生，却能脱下长衫，走出书斋，向四方武学之士虚心求教武艺，寒暑冬夏，勤学苦练不辍。他绝对不只是一个书生而已。正是从兵法到武学，从理论到实践，他都有着一番实实在在的学习和积累，这才造就了那个最终在战场上实现他报国梦想的唐顺之。

四、结交边将，心系天下安危

后家居期间，唐顺之还结交了许多驻守在南北边防的将领，与他们一直保持着联系。

早在嘉靖二十四年，唐顺之就与时任兵部右侍郎总督宣府、大同、山西、保定军务的翁万达多有书信往来。翁万达

（1498～1552），字仁夫，号东厓，揭阳人（今属汕头），嘉靖五年进士。唐顺之与他十多年前在京师就已相识。与唐顺之一样，翁万达擅诗文，亦好谈性理之学。但是他的才华更体现在其卓越的军事才能上。总督北方边务期间，翁万达常身先士卒，亲率将士们驰骋疆场英勇杀敌，使得蒙古兵闻风丧胆，惊呼"翁太师至矣"而纷纷败退。他还筑起了大同至宣府间的长城八百余里，严加守备，使蒙古人不敢轻易来犯。翁万达后来以卓越的边功加官至兵部尚书。嘉靖二十四年，唐顺之在给翁万达的信中向他提出了"用人才""募土著"等一系列巩固边防的建议。值得注意的是，针对当时边关地图毫无实用，大多"只是丹青一幅"的情况，唐顺之还特别建议要详细精确地绘制边关军事地图，为军事要塞的建筑、守备，以及如何行军布阵提供坚实可靠的依据，使得主帅真正能够做到"运筹帷幄之中，决胜千里之外"。唐顺之对于边务的一番真知灼见令翁万达受益不浅，更让他感动的则是唐顺之给予他的精神支持和鼓励，这都使得翁万达在回信中不得不感叹道："乃今何幸，得闻君子之教！"对于唐顺之所作的《塞下曲（赠翁东厓侍郎总制十八首）》，翁万达更是珍视无比，自言："诵之铿然，当一字一拜也。"

北方将官中，与唐顺之交谊尤好的还有因议复河套最后被冤杀的曾铣。曾铣（1509～1548），字子重，号石塘，江都人（祖籍浙江黄岩）。他和唐顺之一样，都是嘉靖八年的进士，两人也因此结下了同年之谊。曾铣为人有胆略，善用兵，作为御史巡按辽东期间，他就平定了辽东兵变。后来他一路晋升至副都御使，在其巡抚山东、山西期间，蒙古兵不敢来犯，朝廷以其边功进为兵部侍郎。至嘉靖二十五年四月，曾铣又以原官总督陕西三边（延绥镇、宁夏镇、甘肃镇）军务，担当起更为艰巨的守边任务。就是在这一年，入据河套的蒙古鞑靼部七月发兵十万，由宁塞营入，大肆掳掠延安、庆阳诸境。曾铣率部守住塞门，又遣将夜袭敌营，斩杀百余人，方才逼退了鞑靼大军。可是刚到八月，河套鞑靼又出兵三万进犯延安府，至三原、泾阳，一路杀掠人畜无数。面对河套蒙古无休止的贪婪进犯，曾铣愈发坚定了只有收复河套才能彻底根除边患的想法，八月他正式递交了《议收复河套疏》，向嘉靖帝陈述了自己考虑已久的收复河套的主张，提出了"定庙谟、立纲纪、审机宜、选将才、任贤能、足刍饷、明赏罚、修长技"八条具体措施。曾铣此议得到了首辅夏言的大力支持，也激发了嘉靖帝驱除鞑虏、收复河套的热情和信心。但是，套虏之患由来已久，嘉靖以前明廷就曾多次出兵，却始终没有能把鞑靼赶出河套。嘉靖以来也有大臣提出过要收复河套，但都没有具体可行的措施。所以，当曾铣重提要收复河套时，廷臣们大多抱以怀疑的态度。即便是远在东南的唐顺之，当他接到曾铣寄来的疏稿以及边图时，虽有感于好友为国勇于任事的豪情，却也在回信中表达了自己对于复套之议的各种顾虑。他在信中写道："惟吾丈内料国家财力之盈缩，兵马之虚实；外料虏人部落之离合，敌势之瑕坚。不徒为犁庭扫穴一时快意之功，而必为以全取胜百年善后之计。使戎马既不敢渡河，而中国财力亦不因之困惫。既弭近患，又无远忧，则社稷之福也。"唐顺之提醒曾铣复套大计不可贪一时快意之功，必将敌我双方各种因素考虑详备，方能收造福万世之功。此后，唐顺之与曾铣就复套一事还有书信往来。当深入了解到曾铣收复河套并不是一时冲动而是有着周密的规划时，唐顺之这才放心地鼓励好友大胆去干，建一番不朽功业，并且就攻战谋略提出了自己的具体建议。不过，复套之议终因嘉靖帝的反对而作罢，曾铣也成为了严嵩、仇鸾等人与夏言之间政治斗争的牺牲品，于嘉靖二十七年以"隐匿边情，交结近侍官员"的罪名被斩于京师。

收复河套、根除北方边患的梦想随着曾铣、夏言的被斩而夭折，此后朝中无人敢再提此事。嘉靖二十八年，翁万达丁父忧南归，北方边备日益松弛，蒙古人不时越过边界杀掠一番，明军却只能被动防守。至嘉靖二十九年八月，俺答为了逼明廷答应通贡要求，竟然率领数万大军一直打到了北京城外，骚扰京畿达八日之久，令天下震惊。这也是明朝自"土木之变"后京师第二次遭受蒙古人围困，史称"庚戌之变"。当时，四十四岁的唐顺之正在武进家中静养，年初的一场大病让他差点就应验了相士说他活不过四十六岁的预言。平日里每次听闻边关告紧，唐顺之就常常几日不食，对着朋友们寄来的军事地图详细筹划，仿佛自已就置身在边关前线与敌人对阵。现在乍闻京师告急，唐顺之再也顾不上病躯，急得寝食难安，几次欲前往京师奋身勤王。最终北京城在被围困八天之后宣布解严，唐顺之这才最终放下心来。

比起北方边患，身处东南的唐顺之对于倭患更有着切身体会。自嘉靖二十五年倭患大炽，浙江、福建的临海地区便时时面临倭寇侵扰。嘉靖二十八年浙江巡抚朱纨罢官之后，他所营建的海防措施也全部废坏，倭寇的气焰就更加嚣张起来。他们与中国海盗相勾结，其所侵犯的范围已逐渐向内陆和北方扩展，南直隶的苏州、松江以及山东的青州等地都出现了倭寇肆虐的形迹。唐顺之就曾在苏州亲眼见到来袭的倭寇以砍杀婴儿为戏，其情景之惨烈令人痛心疾首，唐顺之更是在心里发下誓言要亲手杀死倭寇，为国人雪此不共戴天之仇。至嘉靖三十三年，南京也开始受到倭患的威胁，朝廷急忙起用南京兵部尚书张经总督东南各省军务。可是，张经上任刚一年，才取得了"王江泾大捷"，就被听信谣言的嘉靖帝撤职，最终论罪而死。总督张经之死对于抗倭进程又是一个巨大的打击。次年六月至八月，一小股六七十人的倭寇，竟然在八十多天中辗转今浙江、安徽、江苏三省，横行数千里，杀伤官军近四千人，最后才在太湖边的浒墅关被歼灭，明廷东南防务之废弛由此可见。此种情形下，唐顺之家乡武进所在的常州府地界及其周围也不再平静，开始频繁受到倭寇战火的侵扰。嘉靖三十四年初，倭寇曾打到常熟、江阴一带，武进军民唯恐倭寇来袭便筑起了月城进行守卫。次年三月，倭寇再犯江阴进逼武进，义士张邦定率领一批义兵在郑陆桥一带力战倭寇而死。四月倭寇包围武进城，后在武进城外的孟河村、顾村、严庄一带焚烧掳掠而去。当时唐顺之与弟子姜宝（字廷善，号凤阿）正在附近的金坛论学，得知武进遭遇倭寇围困，心中忧虑万分，在写给二弟的信中他说道："兵戈离乱，不忍言，亦未知祸之所止。生民何辜遭此痛苦？毫发无可援手处，令人长叹，只能为一身苟免，计亦可自笑也。"倭寇已经打到自己的家门口了，唐顺之再也无法安心向学，他愈发感觉到自己必须为抗击倭寇、保卫家园做些什么了。

实际上，随着倭患的日益升级，自嘉靖三十年以来唐顺之和他身边的朋友们一直都对东南海防保持着密切的关注。在他的草堂之内，大家除了一起论学，更多的时候则是在商讨御倭之策。唐顺之的这些朋友中就包括后来成为胡宗宪幕僚的郑若曾。郑若曾（1503～1570），字伯鲁，号开阳，昆山人。他素有经世之志，举凡天文地理、山经海籍无不周览。由于仕途不顺，郑若曾早早就归居乡里，潜心钻研学问。倭患流布东南以来，他留心绘制了一系列海防地图，由苏州府刊行，由此为总督胡宗宪所识，并征聘为幕僚。除了辅佐胡宗宪御倭有功，郑若曾更因其丰富的军事著作为后人所铭记。他所编纂的《日本图纂》《朝鲜图说》《万里海防图论》《筹海图编》《江南经略》等著作不仅体现了其卓越的军事思想，也为后人研究明代倭患留下了大量珍贵的原始文献资料。在这些著作中，十三卷的《筹海图编》影响尤巨，此书图文并茂，绘有迄今所见中国最早而又详备的沿海地图和海防图，汇集了明代特别是嘉靖以来抗倭历史的大量资料，另外也涉及了明人对于日本地理、历史、政治、风俗的认识和研究。据郑若曾自述，这部堪称明代历史上最为重要的海防类著作原本肇意于唐顺之。此书在撰写之前，唐顺之特别提醒郑若曾关于海防一定要写出自己独到的见解，而且书稿的写作还未过半时，唐顺之又不断督促他加快写作进度，终使这部杰出的明代军事著作在数月中就得以完成，一经刊印就引起了极大的反响。此外，在《筹海图编》的"经略"一部分中，郑若曾在"定庙谟""实军伍""足兵饷""清屯种""慎募调""收图籍""鼓军气""公赏罚""处首级""御海洋"等条目中都大量引用了唐顺之的论述和观点，可见其军事思想亦受到唐顺之的不少影响。

除了郑若曾，当时经常出入唐顺之的草堂和他一起共商御倭之策的还有茅坤、万表等人。茅坤（1512~1601），字顺甫，号鹿门，浙江归安人（今属湖州）。茅坤是唐顺之的文友，二人都是嘉靖年间颇负盛名的"唐宋派"文学主将。茅坤官至大名兵备副使，他好谈兵事，罢官后因倭患荼毒东南而入胡宗宪幕，助其剿寇。他与同为胡宗宪幕僚的郑若曾在御倭策略上有许多共识，郑若曾的《筹海图编》初刻本刊行时即是茅坤为其作的序。万表，字民望，号鹿园，浙江鄞县人。他是唐顺之学道的朋友，两人多有诗书往来。万表是个文武全才，正德末年他参加文武科举都曾及第，后来累官至南京都督佥书。倭寇肆虐之后万表曾作《海寇议》，认为沿海奸民（主要指海盗）与倭寇的相互勾结、里应外合是导致倭患大炽的根本原因，主张严惩奸民通倭之罪。嘉靖三十二年、三十三年，他又变卖家财招募少林武僧，组成了一支骁勇善战的少林僧兵，先后击败了侵犯海盐、太仓、嘉兴等地的倭寇，立下了赫赫战功。

　　随着倭患的进一步恶化，唐顺之和他的朋友们越来越感到不能只是纸上谈兵，他们或者应诏而出，起而领兵与敌人浴血奋战，如万表；或者加入抗倭将领的幕僚为其献计献策，如郑若曾、茅坤。唐顺之也与抗倭名将任环、俞大猷等相结交，密切关注着最前沿的战事战局，他感受到命运即将召唤着他走上战场，去实现他多年来杀敌报国的心愿。他知道自己这么多年苦读兵书，精研边疆战事，就是为了这一天的到来。

第4章

鞠躬尽瘁，死而后已

一、临危受命

嘉靖三十七年（1558）三月，时年五十二岁的唐顺之结束了自己前后近三十年的家居生活，应朝廷诏命而出，起为兵部职方司员外郎。临行前，他在告祭父亲的文章中写道："顾平生颇无富贵之心，年垂五十，用世一念亦渐冷落。不图丧期内外两承朝命，臣子之义不敢逡巡，谨于三月间赴京。顾世事之安危休戚不敢知，此身之祸福利害不敢知。苟时有可为，不敢不竭驽钝之才；时遇多艰，不敢忘致身之义；时或可退，不敢昧保身之几。此先考之所以垂教，而顺之之所以自立者也。"尽管唐顺之说自己已过知天命之年，用世之念渐渐冷落，但是他放下的是求一己功名富贵之念，而非报效国家造福生民之念，所以他最终不惜老朽选择了临危受命。

鲜为人知的是，唐顺之此出颇为曲折，到底出山与否他其实犹豫了许久。原来，此次推举他出山的不是别人，正是明代历史上臭名昭著的赵文华。赵文华与唐顺之都是嘉靖八年的进士，当年的状元是罗洪先，唐顺之位列二甲第一名，赵文华则位列三甲，在当时他与罗、唐等人自是不可同日而语。但是当年一、二甲的才子们不肯攀附权贵，到如今没有一个在官场上能比投靠了严嵩的赵文华混得更好。唐顺之、罗洪先更是年纪轻轻便废黜在家，绝迹宦场已有多年。而赵文华自嘉靖三十四年劾杀张经之后，一度成了嘉靖帝身边最为信赖的御倭重臣，时常被派往东南视察军情。嘉靖三十六年在东南督师的时候，赵文华想起了身在常州的唐顺之，他对于这位当年和自己同榜考中进士的才子还是十分仰慕的，再加上一直以来对于唐顺之胸怀文韬武略也有所耳闻，所以便向朝廷举荐了唐顺之。其实，自嘉靖十九年唐顺之再遭废黜，在其家居的近二十年间曾多次受到举荐。好友徐阶就曾在嘉靖二十八年、二十九年的时局危急之刻多次谋划举荐唐顺之，可惜都没有成功。没想到赵文华此次举荐竟然还得到了严嵩的支持，于是朝廷很快就批准以南京兵部车驾司主事重新起用唐顺之，命他就近赞理御倭事，后又以北部边患告急进其为兵部职方员外郎。时值北虏南倭交相肆虐，正是国家急需用人之刻，而唐顺之也一直胸怀亲上战场为国解忧之志，如今机会到了眼前，理应迅速赴京就职为国效力。但是，想到赵文华、严嵩过往种种祸国殃民的行径，想到被他们迫害致死的曾铣、杨继盛、张经等友人，唐顺之断然以丁父忧为名拒绝再出。不仅如此，他还直接写信给几十年来从无来往的赵文华和严嵩，委婉而又坚决地表明了自己不出的心迹。

唐顺之为人耿直，一生重惜名节。当年他不愿依附权相杨一清丢了中状元的机会，后来又因不屑追随座主张璁，牺牲了本已在他脚下铺开的大好前程。年轻时尚且如此，到如今更是不会为了一官半职、荣华富贵而毁了自己一生的清誉。好友李开先也提醒他道："此一起官，颇纷物议，出非其时，托非其人，若能了得一两事，急急归山，心迹庶可少白于天下。不然，将举平日所守而尽丧之矣。"唐顺之当然很清楚如果这一次果真应赵文华、严嵩的举荐而出，在世人以及后人的眼中自己很可能就成了严嵩的同党，一生清名就会从此毁掉。但是，在其内心深处他也知道和国家的安危存亡相比，个人的仇恨、自己的名誉并没有那么重要。特别是每当他眼前浮现出百姓惨遭倭寇屠戮的景象时，他就觉得只要能亲上战场为保家卫国贡献自己的一份力量，即便是牺牲自己的性命也在所不惜，更何况是区区一己之虚名呢？恰在此时，多次举荐唐顺之未果的徐阶也来信支持其抓住机会复出，他希望唐顺之能够捐弃小节，和自己并肩为国家百姓做些实事。另一方面，身为次辅的徐阶也为唐顺之出山在朝中施加着自己的影响，敦促唐顺之早日赴部就职的旨意不时传来。原本坚定不出的唐顺之越来越感到自己内心充满了犹豫和挣扎。不久，他去江西走访了同获征召的好友罗洪先，与罗共商出处一事。所谓当局者迷，旁观者清，罗洪先一下子就看出了唐顺之心中的天平已倾向于出山，他只是需要朋友的支持和鼓励。尽管罗洪先最终选择了不出，他却鼓励唐顺之遵从自己内心的愿望，不必为小节所拘。多番考虑后，唐顺之终于下定决心临危受命，哪怕由此在身后惹上各种非议。

事实上，唐顺之此次出山果然如其所料非议颇多，甚至他的一些朋友也对其未能远离宦场终老山林表示遗憾。在其身后，更是谣言迭起，各种有关唐顺之晚节不保，如何结交严嵩父子和赵文华的说法颇多，甚至还被写进了正史中。《明世宗实录》中有云："顺之初欲猎奇致声誉，不意遂废，屏居十余年。上方摧抑浮名无实之士言者屡荐之终不见用。会东南有倭患，工部侍郎赵文华视江南，顺之以策干之，因之交欢严嵩子世蕃，起为南京兵部主事，寻升职方员外郎，奉命查勘蓟镇边务，复视师直，总督胡宗宪荐其有功，迁太仆寺少卿通政司右通政。"后来也不乏为唐顺之打抱不平、出来辨正者，如《明史》的作者万斯同，他认为主修《明世宗实录》的张居正痛恨理学人士，这才授意对身为心学后人的唐顺之多加贬抑。即便如此，作为后人研究明代历史最具权威性和参考价值的史书，《明世宗实录》对唐顺之的这番记载和评价对其声誉的破坏是难以弥补的。

然而，这一切自唐顺之选择复出的那一刻起，他就将其全部抛在了身后。重要的是他无愧于己心，无论是年轻时触怒权贵而被废黜，还是晚年放弃家居讲学生活选择复出，他心中的底线和原则从未变过，这便是他在告祭父亲的文章中所说的："顾世事之安危休戚不敢知，此身之祸福利害不敢知。苟时有可为，不敢不竭驽钝之才；时遇多艰，不敢忘致身之义。"面对朋友的不理解以及身后可能的各种谣言，唐顺之没有为自己辩护。他也无须为自己辩护，他知道自己终将以行动向历史书写心迹。

二、查勘北方边务

嘉靖三十七年春，唐顺之以兵部职方司员外郎起复。赴京不久，他又被升为兵部职方司郎中。由于旅途劳顿，刚到京师唐顺之就得了一场重病，这一病居然就闭门躺了好几个月。到了七月，病情刚有好转，唐顺之就接受了朝廷委派他去蓟镇查勘军务的重任。

蓟镇是明代在北方长城沿线设立的九座军事边防重镇（合称九镇，亦称九边）之一，它和其他八座军镇（辽东、宣府、大同、延绥、太原、固原、宁夏以及甘肃）分布在东起鸭绿江，西至嘉峪关的万里防线上，担当着保卫明廷、抵御北方少数民族侵扰的重任。在这九镇中，蓟镇防务又具有格外重要的地位和作用，堪称九镇之首。其防戍范围东起山海关，西至居庸关南的镇边城，绵延近二千多里。更重要的是蓟镇直接从东、北、西三面包围着京城，可谓是守卫京城、抵御北虏侵扰的最后一道防线。可是，嘉靖中期以来北方边防废弛已久，即便是蓟镇也一样面临着兵额不足且多为老弱病残的情况，练兵就更不用提了。嘉靖二十九年的"庚戌之变"，俺答率领大军就是从古北口侵入蓟镇，进而围困了京师达八日之久。至此，朝廷方才意识到蓟镇防务实在不堪一击，严重威胁着京师地区的安全。不久，嘉靖帝便下令严整蓟镇军务，命该镇督抚官募选士兵补足兵额，分区设将，加紧练兵。不过，蓟镇积弱已久，每遇防秋仍多从其他军镇调兵设防。嘉靖三十七年，兵部尚书杨博向嘉靖帝建议将蓟镇的入卫兵划归宣府、大同二镇调遣，时任蓟辽总督王忬极力反对，他认为蓟镇兵额缺口大，且不同于宣府、大同、延绥等镇皆有重险可据守，能够依靠的就只有入卫兵了。恰好当时各军镇正热议各练本镇戍卒，这样每年就可省下大笔征发他镇兵卒的费用，这一点甚为投合嘉靖帝的心思。因此，王忬的反驳一下子便激恼了嘉靖帝。他下旨兵部道："（蓟镇）边臣玩愒，全不经心，每遇防秋，辄称兵数不敷，多调边兵，靡费粮饷，司计告匮，皆由于此。夫主兵不练，边兵之调，何时而已？况连年远戍，人情不堪……"因此，急命兵部选派官员会同东、西巡关御史前往蓟镇，查点兵额，并检阅部队是否操练，堪战与否。

唐顺之在兵部接到这一任务时，每年的防秋已近，他深知此行直接关系到京师的安危，对未来的边防决策有着至关重要的参考价值，因此也顾不上病体未愈，领了敕书关防，当即轻装出城。为了尽快完成任务，将军情早日禀报朝廷以备防秋之需，唐顺之日夜兼程、马不停蹄地奔走于蓟镇各关营。他首先会同山海关巡关御史王渐从石塘岭起，一路东行经过了古北口、墙子岭、马兰谷，渡过滦河继续往东，又经过了太平寨、燕河营，直到石门寨而止，此为蓟镇东关防区，共七区。东关巡行结束后，他又连忙会同居庸关巡关御史萧九峰巡行了从黄花镇起直到镇边城的西关三区。最终，唐顺之只用了四十天左右的时间就走遍了蓟镇绵延二千多里的东西十个防区。在这四十多天里，每到一区关营他都要亲自点查各营兵马，明辨其弱强是否堪战，向将官们详细询查粮饷、练兵及战守方略等各方面事宜，务求全面掌握蓟镇前线最为翔实、准确的第一手军情资料。

唐顺之此行走得仓促，出京时并未带任何仆从，衣食起居全靠自己料理，行囊中可以御寒的衣服还系友人临时相赠。塞上入秋甚早，昼夜温差极大，疾驰在风沙里白日酷热难当，夜里却又寒冷彻骨。对于这些，带病出巡的唐顺之都不以为意，他把全身心都放在了勘察军务上。一路上，他渡过了一条条激流，越过了一道道峭壁。那些平日里在地图上看过无数次、早已深刻在他脑海中的地方如今终于展现在眼前，就在他脚下一望无际地延伸开来。而每当他登上关城极目远眺时，边塞内外悲凉而又壮阔的景致总是深深地撞击着他的内心，他知道眼前的平静并不能掩藏住曾经惨烈无比的厮杀，危机正潜伏在周围伺机而动。白日里唐顺之奔波于各关营巡查军务，夜里在梦中耳畔依然有战鼓在隐隐作响。在蓟镇前线奔波的这四十多天，唐顺之身上的书生文弱俨然已被边塞的风沙荡涤干净，显出了他英雄豪杰的本来面目。在古北口观看降虏步射时，他甚至兴致大发，纵身跃马一路骑射，夜阑兴尽方归。也许，一切正如唐顺之诗中所云："跃马壮年微志在，不缘此地客心惊。"唐顺之珍重的是这次报效国家的机会，这是他多年来从未放弃的志向。为此，身上的病痛、边塞的荒芜苦寒又怎能阻挡住他前进的步伐。直到今天，当我们翻检他此行留下的三十多首诗歌时，在这些雄壮奇伟的诗句背后，似乎仍能看到那个伫立在城楼上形骸索然却精神健硕的身影。

九月初唐顺之还朝，立刻上疏禀报了此次勘察军务的过程和结果。经其勘察，蓟镇东西两关共十区之兵，原额为93824名，现在为59062名，逃亡34762名。此外，还有天津、河间等卫，春秋两班官军22282名，以及大水谷、白羊口、曹家寨三地游兵共 9000 名。由此可见，蓟镇确实存在着逃兵甚多、兵额严重不足的情况。但是，唐顺之认为目前"致弊之端，兵之缺额之故易以见，而兵之不练之故难以寻"。在阅兵的过程中，唐顺之发现蓟镇各区士兵多暮气颓堕而无精神朝气，细细看来则"疲卒朽戈，十常七八；力士健马，十才二三"。不仅如此，士兵们平常多忙于搬石运灰修筑边墙，而极少得到各种技、战术军事训练，根本不知如何临阵御敌。像这样一支"老赢未汰，纪律又疏"的乌合之军，如何能够担当起保卫京师重地的责任？因此，唐顺之认为比起补充兵额来说，练兵、强兵更为紧迫。而针对蓟镇长久以来"主兵不练，专倚边兵"的事实，考虑到眼下防秋就要开始，他在疏中建议不宜立即把善战的客兵全部调走，等到主兵练得稍有眉目时，才可着手一步步减调客兵。此外，对于蓟镇多年来玩忽职守的将官们，唐顺之认为需分别轻重追究其罪责，至于现任将官自总督王忬以下目前当令他们克期严督操练防御事宜，等到防秋之后再问其罪。除了覆勘疏，唐顺之又陆续递上了《条陈补兵足食事宜》《条陈练兵事宜》以及《条陈水运事宜》三疏，就补兵、练兵、粮饷运输诸事详细给出了自己的建议。值得注意的是，在《条陈练兵事宜》中唐顺之从兵、将、武器装备等方面提出了八条具体的练兵建议（另附夷情一条），即责大帅以主练、定区帅以分练、明赏罚以励士、杂边兵以同技、备选锋、练火器、申阅法，以及调戍边以试练。应当说，唐顺之关于蓟镇军事建设的各项建议不仅是这四十多天前线勘察的结果，这也是他多年关注研究边防军务、深思沉潜而得的结论，因此其疏论多切中肯綮，引起了朝廷的重视，所提建议后来也多被采纳实行。

唐顺之出色地完成了出山后的第一件军务，其家居时各种经世之学终得所用。回到京师不久，他便接到了朝廷委派的另一项军事重任——南下浙江、南直隶视察军情，协助总督胡宗宪剿杀倭寇。

三、南下御倭

嘉靖三十七年十一月唐顺之奉命南下时，抗倭斗争在总督胡宗宪的领导下已经进入了一个新的阶段。

胡宗宪（？~1565），字汝贞，号梅林，绩溪（今属安徽）人。胡宗宪为人多智谋、善权术，嘉靖三十三年赵文华第一次南下督察军务，当时身为正七品小官（浙江巡按御史）的胡宗宪便与其建立了良好的关系。在与赵文华一起劾罢张经、李天宠之后，经赵文华多次举荐，胡宗宪终于嘉靖三十五年二月以兵部右侍郎兼佥都御史总督浙直福建军务，成为南方抗倭斗争的最高领导人。胡宗宪虽以依附严党起家，却也是真心实意地想为国家、百姓平定倭患，建立一番不朽功业。当上总督之后，他依据当时敌我形势决定用计招抚倭寇首领、海盗头目，以打击、遏制长久以来的倭寇侵袭。在其幕僚的帮助下，胡宗宪的招抚离间之计果然起了巨大的作用，明军先于嘉靖三十五年八月大举歼灭了徐海、陈东领导的两支倭寇劲旅，又于次年十一月计擒海盗大头目汪直，取得了御倭战争的重大胜利。实际上，对于实力远比徐海强大的汪直，胡宗宪原打算进行招抚，让他为朝廷效力，以约束其手下五万多倭寇。不过，这一计划遭到了浙江巡按御史王本固等人的极力反对，他们认为胡宗宪收受了汪直的重贿所以才如此袒护他。迫于各方压力，胡宗宪最终同意处死汪直，于嘉靖三十七年正月将汪直交给了浙江按察司。胡宗宪此举激怒了汪直的义子汪滶（毛海峰），他率领三千倭寇盘踞在舟山上的岑港顽抗到底，至秋天明军仍未能将其攻下。此外，失去了统领的倭寇又开始四散侵扰，并将重心逐渐南移至福建、广东，嘉靖帝为此头疼不已。正是在此种情形下，兵部推举了刚刚从蓟镇回来的唐顺之前往浙江视察军情，并协助胡宗宪剿灭舟山余寇。

　　嘉靖三十七年十一月，唐顺之还没有将身上的风沙洗尽，又奔波在前往东南沿海的路途上了。二十三日路过家乡武进时，他歇息了一晚。晚上，在祖庙中面对着先人的英灵，唐顺之感到此行他背负着的不仅是朝廷派下的重任，也是乡里百姓沉甸甸的重托和期望。而回想当初，自己之所以不顾非议在知天命之年选择出山，正是不忍束手旁观东南大地继续生灵涂炭。如今心愿得遂，自当奋力为家乡以及东南百姓早日解除倭患。此外，这一次视察南方军情，唐顺之得到了更多的权力——对于那些玩忽职守，甚至与倭寇相串通的将士，朝廷同意唐顺之可以与胡宗宪先便宜行事，再向上汇报。对此，唐顺之亦在祖先面前立下誓言，一切但如实汇报，秉公处理，决不用别人的性命换取自己的功名利禄。第二天，未及与家人多叙别情，唐顺之便踏上了旅途继续前行，五天后终于抵达杭州。

　　到了杭州，唐顺之立刻会同总督胡宗宪协商剿灭舟山余寇之事，得知不久之前官军刚与倭寇激战一场，倭贼或剿或遁，现在的舟山已是空巢一座。看来，剿灭舟山余寇一事算是告一段落。不过，倭寇在东南各地恣意侵扰的军报仍不断传来，唐顺之顾不上稍事休整，便开始着手勘察海防军务，与胡宗宪共商御倭方略。在胡宗宪帐中，唐顺之见到了许多老友，如茅坤、郑若曾，还有后来鼎鼎大名的徐渭。徐渭（1521～1593），字文长，山阴（今绍兴）人。徐渭少负才名，善书画诗文，且足智多谋，善论兵。徐渭虽科考屡试不第，却以其卓越的才华为执事者垂爱，并最终被胡宗宪延请至幕府，做起了胡总督的军师。据说，胡宗宪诱降徐海、汪直的计谋便主要出自徐渭。此外，徐渭为胡宗宪代制的一系列奏表更为其赢得了嘉靖帝的欢心，巩固了胡宗宪在东南一带作为抗倭统领的军事地位，徐渭也因此甚得胡宗宪优宠。嘉靖三十一年，唐顺之与万表等友人去越中射猎观海，路过绍兴时听说徐渭文才卓异，便邀其舟中论文，二人由此结识。六年后再见，唐顺之与徐渭又有了共同的目标——尽早平定东南倭患。除了打击倭寇、共商海防军务，偶有闲暇他们也诗文唱和，徐渭还曾向唐顺之请教学问。唐顺之的文才、学识和用世之志皆令徐渭深为钦敬，在徐后来自作的《畸谱》中，其"师类"五人之一便是唐顺之，足见唐顺之对其影响之深。

在胡宗宪及其幕僚的帮助下，唐顺之很快便熟悉了东南军务，提出了自己"御贼上策，当截之海外"的御倭思想。唐顺之认为，打击倭寇的最佳时机应该是将他们拦截、消灭在大海上，而倭寇一旦登陆再想将他们彻底网罗打尽则困难得多，内陆百姓也势必将遭其荼毒，因此加强水军的海上巡逻、将倭寇阻截消灭在大海上才是御倭上策。当然，要想做到御敌于海上就必须熟悉海道，唐顺之不避风浪，亲领着一批将官日夜兼程，自江阴泛海至刘家河渡，再从嘉兴入海泛洋至蛟门，将海上险要所在以及倭寇经常出没藏匿之处都一一加以巡察。此外，他还巡视了许多沿海卫所，向戍守的将官、士卒详细询问各所内情。在巡察的过程中，唐顺之发现了海防存在的一系列问题，其中最为关键的是水军已几乎完全失去作用，既不能担负海上巡逻的任务，更不用说歼敌于海上了。其实，明初为抵御倭寇朱元璋建立了一支十分强大的水军，其中既有直接受朝廷领导的中央直属水军，也有分属各卫所和巡检司的地方水军，他们共同筑起了一道坚固的海上防线，使得倭寇几乎没有机会登上陆地作乱。但是随着沿海卫所的大量设立，中央直属水军逐渐失去作用，海上巡逻的任务主要由地方水军担任。而地方水军的防守海域十分有限，致使明初御敌于远海的政策逐渐变成御敌于近海，甚至由海防为主最终变成了岸防为主。到了嘉靖时期，地方水军的海上防线已形同虚设，每遇倭寇来袭，水军多畏战而纵敌登陆，而登陆之后剿灭倭寇就成了陆军的职责。另一方面，陆军也甚少协助水军将倭寇阻截在海岸线外，倭寇一旦登陆各卫所之间也缺乏相互策应而但求自保，事后却只知推诿责任。

针对海防存在的这些问题，唐顺之愈加坚信必须重振水军军威，明确水军职责，恢复水陆并防的海防体系，力争将倭寇阻截、扑灭在大海之上。为此，前来督战的唐顺之开始严整军纪。他先是秘密搜集了往年倭寇来袭时各卫所官兵抵御或是退避的详情，并以手中铁证督令官兵们戴罪立功，不得退缩畏战。此后，他又时常乘坐民船微服出海巡视，严督各卫所加强海上巡逻和侦察。对于那些玩忽职守者，无论将官还是普通士卒他皆严惩不贷，并声明如若再犯就要责其连坐之罪。唐顺之每次巡视的路线和时间从无一定，甚至隆冬月黑也常常往来巡视于各海岛之间。因此，官兵们每每遥望海上有风帆驶过，便以为是唐顺之前来巡视，无不整肃军容而莫敢懈怠。经过多次严厉的整治，各卫所军容军纪很快便有了极大提高，海上巡逻和侦察也重新得到了重视。

嘉靖三十八年四月初，大批倭寇乘船突然汇聚在南直隶长江南北两岸，随时准备登岸劫掠。面对如此紧急的军情，唐顺之放弃了原本准备回京复命的打算，先后赶赴嘉兴和吴淞江所与总督胡宗宪和苏松巡抚陈锭商讨对策，并达成了争取将倭寇歼灭在海上、不让他们登陆的共识。开战之前，唐顺之向官兵们强调了攻打来船的重要性：倭贼初来锐气方盛，的确比他们满载而归时难打，但此时若击毙一贼无疑就保全了更多百姓的财产和性命，其功远非杀死一去贼可比。为了激励士气，唐顺之又在众将士面前声明赏罚。一方面他督令副总兵卢镗以下若容一贼登陆，便以失机参奏，治其重罪。另一方面，他又与督抚两军门议定赏格——士兵若能打破贼船一艘，人船并获，即赏银五百两；若斩获敌人首级数量多，或一船能斩获三十以上真倭者，另行给赏；将官打破贼船三艘以上，即以奇功论荐。立下赏格后，唐顺之更亲自登船督师，令战船连亘海岸，使得盘踞在崇明诸沙的倭寇一时难以登岸。过了几天，倭寇见突破明军江南防线无望，竟有一两只掉转船头驶向江北。同时，朝廷赏银已到，明军将士们的士气也益发激昂起来，只等将令一发便赶赴前线奋勇杀敌。不过，就在唐顺之与卢镗等人紧密部署战局的时候，突然接连收到凤阳巡抚李遂江北告急的军报。原来江北狼山副总兵邓城等御敌不力，致使倭寇由海门登陆，先后累积至七八千人，眼下已攻破通州一路进犯，正直逼扬州。得此急报，唐顺之当即决定亲自去杭州向胡宗宪搬救兵，他将崇明海事托付于卢镗等人，令他们等候良机歼灭江南倭寇，不得后退港内一步。

四月十日，唐顺之刚从胡宗宪那里搬得救兵，正奔波在赶赴扬州督师的途中，行至崇德便接到了卢镗剿灭三片沙倭寇的捷报。得此大捷，唐顺之为之精神一振，这是近十年来明军在海上歼灭倭寇为数不多的一次重大胜利，极大鼓舞了明军士气。更为重要的是这一股人数不少的倭寇如若得以登岸，不是南下危害江南，就是北上加入现已直逼扬州的倭寇大部队，到时江北战况将更加不利明军。由此，唐顺之更加坚定了自己"御贼于海上"的抗倭思想。有了卢镗等人镇守在崇明海域，唐顺之暂得以放心赶赴扬州，尽全力支援江北抗倭。

此时，江北倭寇已兵分两路，一支盘踞在如皋附近，一支被凤阳巡抚李遂用计驱往庙湾（今江苏阜宁）。唐顺之带领各路援兵一万多人正加紧赶赴前线，另有从山东招募用于江南抗倭的三千名青州兵和沂州兵也被截驻江北，听候李遂调遣。四月十六日，唐顺之在途中突然接到李遂停发援兵的要求，和胡宗宪商量之后，他决定继续率领指挥彭鹤年的镇溪兵与李遂汇合，青沂兵也继续留驻江北，其余援兵则俱回各所抗击倭寇。四月十九日，屯聚在庙湾附近的两千名倭寇开始大举进攻淮安，早有准备的李遂督参将曹克新等部与倭寇在姚家荡大战，恰逢唐顺之调遣的青沂兵已行至淮安。于是李遂以曹克新部为中路，沂州兵为右路，青州兵为左路，合力剿杀倭寇，最终大获全胜，斩杀倭寇八百余人，余贼重新退回庙湾立寨固守。姚家荡大捷对于江北倭寇无疑是一重创，南路倭寇受此激发，在如皋周边大肆屠戮，杀伤官兵颇多，淮扬兵备副使刘景韶屡屡告急。巡抚李遂顾不得围剿庙湾余寇，便即刻赶回扬州部署南方战局。四月二十日，唐顺之率领的援军也终于到达扬州，他与李遂议定对江北倭寇分而击之：唐顺之负责攻打南路倭寇，李遂则继续围剿庙湾的北路余寇。可是战局变化十分迅速，南路倭寇在刘景韶部的打击下很快就得到控制，汇聚在庙湾的北路倭寇却又气焰嚣张起来。于是，唐顺之又在李遂的邀约下率兵前往庙湾，共剿余寇。

到达庙湾之后，唐顺之发现隔河而守的一千多余寇并不好对付。原来，庙湾有许多经营盐场的富商，为了防备倭寇侵袭，他们修筑了不少十分坚固的防御工事，还在居所各处设下了许多机关。现在这些工事和机关却被困守在其中的倭寇所用，他们还把房屋外墙全部烧毁以防明军火攻，官兵们要想攻入其中直捣倭巢确实十分困难。而倭寇屯聚处背据大河，他们又抢来了不少船只，眼看着随时就有逃走的可能。为了防止这股倭寇逃逸作乱，唐顺之与李遂商定立刻对他们进行南北水陆夹攻，用火炮攻打其巢穴和船只，官兵若能率先破巢攻入者赏银一千两。经过缜密部署，官军不日便兵分多路渡河攻入庙湾。一开始倭寇曾出巢还击，但见官军火力甚猛，便又躲入巢中自守，少数向北逃散者则被早有埋伏的官军扑灭。最终明军共擒杀倭寇四十六人，击沉敌船十三艘。虽然战果并不算丰厚，且官军亦有不少伤亡，但此役官军们敢于深入敌巢奋勇杀敌，这在以往打击倭寇的战役中极为罕见，对倭寇的嚣张气焰给予了极大打击，也壮大了明军自己的气势和信心。此后巡抚李遂主张对庙湾余寇列围困之，断其水陆通道，时日一久自然不战而胜。唐顺之则依然坚持主动出击，以防倭寇趁夜奔逃。可是，庙湾易守难攻，唐顺之多次率兵逼近敌寨以火炮攻之，皆甚少收获。恰在此时，拒敌崇明的卢镗又连连告急，唐顺之认为消灭庙湾余寇是迟早的事，便将麾下镇溪兵、青沂兵八千名交付李遂调度，于五月初带领一千二百名士兵回师崇明。

五月十五日，唐顺之回到崇明，此时倭寇已屯聚在三沙一个多月。而自上次三片沙大捷之后，官军一个月间竟再未登岛杀敌，白白错失了歼敌良机，唐顺之为此痛惜不已。眼见倭寇在立栅坚守的同时已造好五六十艘小船准备随时逃跑，再加上明军坚守在海上的船只损坏得越来越多，只怕坚持不了多久，唐顺之当即决定对于三沙倭寇还是要主动出击打快仗。十八日他即严督卢镗、刘显等部纷纷登上三沙安营扎寨，并以重金激励将士奋勇杀敌。二十一日黎明，明军各部开始发动攻击，结果竟不敌倭寇，伤亡颇为惨重。六月初，胡宗宪所派援兵约七千人陆续到达，明军士气稍振，各路人马又接连多次向倭巢发动进攻，可依然无所进展。究其缘由，一是敌人十分狡猾，所筑工事又非常严密，明军若前来挑战，倭寇多坚守不出，待明军稍有松懈，他们又放出暗箭杀伤官军甚多。二是明军多怯懦畏敌不胜战，一遇倭寇蜂拥而出，士兵们便不顾将令纷纷掉头溃逃，将官们对此却毫无办法。唐顺之离去仅一个多月，军纪就如此涣散，为此他心中激愤不已，只得亲自披甲上阵。六月十一日，唐顺之又部署各部发动新一轮进攻，但倭寇已侦察到明军布有伏兵，所以面对诱兵始终不出。对此，刘显等将官多次请求收兵，唐顺之以为合兵不易，若稍忍片时，必能等到倭寇出巢。怎奈诸将官坚持收兵，而前方诱兵亦胆怯不敢进击，唐顺之顿觉孤掌难鸣，愤恨间竟孤身下马，拔刀步行至离敌巢仅两箭之遥处只身诱敌。卢镗、刘显见此，赶紧冲向前来抱住唐顺之，叹道："奈何若此？"唐顺之道："吾不能督诸将，惟有自往死斗耳！"至此，诸将官誓必灭贼，但战得半时还是退下阵来，终究没能攻破贼巢。此后，官军屡战皆一再失利。七月初唐顺之暂离崇明前往太仓处理其他军务，临走之前他一再向将官们强调要严防倭寇逃遁，并设下五路伏兵以待倭寇出逃时将其剿灭。不料，十七日他便收到军报三沙倭寇已于十六日凌晨趁风雨逃往江北。官军对三沙倭寇围困了整整三个月，终究还是未能将他们剿灭，使得敌人有机会出逃继续作乱，唐顺之对此感到十分遗憾和愧疚，在疏劾众失职将官的同时，他立即赶至镇江协同李遂督战。最终，这股倭寇于八月为刘景韶、刘显联手歼灭，不久江北倭寇也悉数平定，浙江、南直隶终获安宁。

对于唐顺之在这次浙直抗倭中的贡献，朝廷多次给予了肯定和嘉奖，先是于嘉靖三十八年四月以功擢其为太仆寺少卿，后又在胡宗宪推举下升为通政司右通政。九月李遂以平定江北倭寇升为南京兵部侍郎，朝廷又改唐顺之为右佥都御使，代李遂巡抚凤阳等地。尽管如此，唐顺之却始终为没能剿灭三沙倭寇致其北逃作乱而深感自责。赴任之前，他总结了自己近一年来经理海防的经验，递上了《条陈海防经略》，对当时海防存在的问题从九个方面给出了自己的建议，即御海洋、固海岸、图海外、定军制、足军食、鼓军气、复旧制、别人才和定庙谟。其中，"御海洋"可谓唐顺之海防思想的核心，而"鼓军气"一节亦尤为重要，它道出了明军不能战胜倭寇首先就输在了气势上，因此整肃军纪、严明赏罚，甚至督战文臣临战着戎装以作武将之气，都能鼓舞起将士们必胜的信念和气势，这都是唐顺之亲临战场御敌之后的肺腑之言。唐顺之知道，今岁浙直虽暂得安宁，倭患却并未完全消除，福建、广东两处倭寇仍在各处流窜劫掠。因此，只要还有一个倭寇未被剿灭，海防之事就不可有丝毫懈怠。

嘉靖三十八年十一月，唐顺之赶赴新任。第二年春，适逢淮扬遭受大饥荒，几万人面临着饿死的境遇。其实，上一年江北倭患猖獗，后又遇上罕见旱灾，致使农田失收，这才造成了多年不遇的大饥荒。江北饥民已是随处可见，强壮者则聚而为盗，老弱者则弃卖妻孥，沟壑里填满了饿死之人，啼号之声四处可闻。兵荒相仍，唐顺之面前有一大堆烂摊子等着他去处理。除了布置海防，以防倭寇随春汛而至，眼前更为紧要的则是如何帮助大批灾民渡过饥荒。他上疏向朝廷争取钱粮以支援赈灾，甚至还号召官员们和自己一起捐出俸禄救济百姓。拿到钱粮，他立即吩咐手下深入各村镇搭起粥棚以济食灾民。这边赈灾的事情刚有起色，唐顺之又一头扎进备倭事宜中，白天他亲自考察熟悉江北地形，晚上除了和将官们悉心谋划方略，还要处理各种文书，一忙就是一整夜。而唐顺之自南下以来，为御倭事终日奔劳，其间最热的两个多月也一直在海上督战，以至于宿疾频发，身体已经越来越不堪重负。嘉靖三十九年三月唐顺之正在通州、泰州沿海一带巡察海防，不想突然病发，在返回扬州的路途中，于四月一日病逝于泰州境内，享年五十四岁。

临终之前，唐顺之对身边的家人说道："吾生平常念死有三，或死于阵上，或死于忠义，或死于海中。不意能全躯以死于此，今无所恨。"唐顺之最终的确如己所愿，为保国家百姓安宁而死，他死而无憾。不仅如此，他更用自己的行动粉碎了当年应严嵩之召而出惹上的各种非议。事实上，自嘉靖三十七年三月唐顺之临危受命而出，至三十九年四月一日殁于备倭途中，其间刚好为两年。在这短短的两年中，他先是北上勘察蓟镇军务，后又南下督察江南江北御倭事宜，虽因病早逝，未及立下显赫功绩，却也为备虏御倭而无时无刻不奔忙于前线。特别是他在南方御倭战场上所作出的贡献，是不可抹杀的。不应忘记，唐顺之原为一介文臣，且他初来还只是一个空有名头的监察官，面对着派系复杂、军纪涣散的各个部队，在如此有限的时间之内能够重振军纪、严整海防实属不易，足见其运筹之智和统兵之能。不仅如此，为了贯彻执行自己"御敌于海外"的战略思想，唐顺之甚至一连数月在海上督战，即便身染恶疾也不下船，因为他坚信"使一病都堂居海中，则诸将无敢不下海，诸将能下海，则敌人自夺气也"。正是凭着这股身先士卒的拼命精神，他一次次鼓舞起将士们奋勇杀敌的气势和信心，最终取得了嘉靖三十八年平定浙直倭患的胜利。也正是由于在抗倭战斗中如此不惜己身，唐顺之在出山之后的两年间一再积劳，终因心力交瘁而死。临终之前，他仍心系抗倭，与诸将官诀别道："本欲与诸君戮力同卫社稷，今无能矣，愿诸君勉之！"真正是"鞠躬尽瘁，死而后已"！

第5章

学术思想

唐顺之一生兴趣极为广泛，在文学、史学、天文、地理、兵法、算术等方面都颇有建树，但他一生用功最多的仍是儒者如何安身立命的"性命之学"，并最终凭借着自己"以天机为宗，以无欲为工夫"的学说在阳明心学的发展历程中占据了一席之地，成为南中王门学派的重要代表人物。总体来看，唐顺之自嘉靖十一年秋在京师参加王学讲会开始接触心学，其学术思想的发展大致经过了两个重要阶段：由嘉靖十五年至嘉靖二十四年为学杂朱、王时期，嘉靖二十五年之后则是其悟解心学时期。

一、理学与心学交杂时期

前文说过，嘉靖十五年在王慎中的影响下，罢官在家的唐顺之开始大量阅读宋儒著作，并开始了由文入道的转向。一方面，他潜心钻研宋儒著作，对二程、朱熹的学说尤为信服；另一方面，他继续参悟心学，与王畿、罗洪先、欧阳德、戚贤等阳明后学保持着密切的学术交流。嘉靖十五年，唐顺之在宜兴与程朱派学者万吉订交，二人常往来切磋学问，万吉评唐顺之当时所学"盖多与阳明暗合，然究其指归，其抵牾晦翁者鲜矣"。嘉靖二十三年万吉殁，唐顺之在所作《万古斋公传》中亦回顾自己当时乃以"反求自得，一不蹈袭，独操橐柄"为说，万公时相与辨析，然终察荆川实为"非敢不尊经传，非敢不谨格式者"。故二人所学虽有分歧，大抵却是相合的。可见，唐顺之当时所学的确正处于会同朱、王时期。

存天理，去人欲

"存天理，去人欲"一直是宋明理学探讨的一个核心问题，唐顺之此阶段的学术思想也正是围绕着这个问题展开的。嘉靖十六年，在给好友王慎中的一封信中他这样写道："人心存亡不过天理人欲之消长，而理欲消长之几不过迷悟两字。然非努力聚气、决死一战，则必不能悟。或不知所战，或战而不力，则往往终其身而不悟。故佛家有认贼作子与葛藤绊路之说，而兵家亦曰名其为贼敌乃可灭，又曰一日纵敌数世之患。此佛家之可通于吾儒，而治戎之道可用以治心者也。"

唐顺之认为"天理"与"人欲"相互对立、此消彼长，二者的消长关系到人心的存亡。那么，"天理"和"人欲"究竟指什么？

唐顺之所说的"天理"是支配着宇宙人生万事万物的普遍原理（或原则），它既体现为自然的法则和规律，也是人以及人类社会的道德本质和原则。与"天理"相对立的"人欲"并不是指由人的自然属性所决定的生理欲望，而是指"私欲"，即过分追求私利、违背道德原则的欲望。作为人的道德本质和原则的"天理"（"性理"）纯善，是大公；而"人欲"则是恶，是一己之私。唐顺之以为尽管"天理"决定了人的本性为善，但是一旦受到"人欲"沾染，人的道德本心便会被遮蔽，萌生出恶。因此，"天理"与"人欲"相互对立，人心中不是"天理"便是"人欲"，二者此消彼长决定了人心善恶。学者为学便是要克尽私欲，复归天理，护持住人的本性之善。

"天理人欲"，最早见于《礼记·乐记》："人生而静，天之性也；感于物而动，性之欲也。物至知知，然后好恶形焉。好恶无节于内，知诱于外，不能反躬，天理灭矣。夫物之感人无穷，而人之好恶无节，则是物至而人化物也。人化物也者，灭天理而穷人欲者也。"所谓"人生而静"是人天生的禀赋，是人之天性，也就是"天理"。但是人由于受到外界事物的感召会产生出种种感性欲望（"人欲"），对于这些欲望若不加以节制，人就容易为外物所化，导致人的天性被过分的欲望所遮蔽，于是就产生出诸般恶行，这就是"灭天理而穷人欲者也"。这段话实际强调的是人要善于通过自我反思（"自躬"）来节制过分的欲望，从而护持住自身的天性之善。其中提出的"天理人欲"之说对后来的宋明理学产生了十分重要的影响，成为宋明之儒反复探讨的一个重要问题。

唐顺之关于"天理人欲"问题的看法就受到了宋儒特别是程朱理学思想的深刻影响。从二程到朱熹，论者无不强调以理制欲的重要性，而对"天理"与"人欲"之间关系的认识主要是通过对"十六字心传"的阐释来进行的。所谓"十六字心传"出自《古文尚书·大禹谟》："人心惟危，道心惟微；惟精惟一，允执厥中。"这十六个字被宋儒看作自尧、舜、禹以来儒家圣人心心相传的修身治国的纲领，朱熹认为它是儒家道统的真传所在。二程对这"十六字心传"都发表了自己的见解，程颢提出："人心惟危，人欲也。道心惟微，天理也。惟精惟一，所以至之。允执厥中，所以行之。"程颐也说："人心私欲故危殆，道心天理故精微。灭私欲则天理明矣。"二程都认为"人心"充斥的是人的感性欲念，"道心"则依天理而行，合乎道德原则。被各种感性欲念特别是一己私欲所充斥的人心常处于危殆之境，道心即人的道德意识则潜藏在人的心灵深处不易知觉。"道心"与"人心"相对，"天理"也与"人欲"相对立，克尽人欲，天理自明，因此学者须时时克己省身，去除内心私欲，务使"道心"成为一身主宰。

朱熹在继承了二程看法的基础上对"十六字心传"进行了进一步剖析，他说："此心之灵，其觉于理者，道心也；其觉于欲者，人心也。"又云："只是这一个心，知觉从耳目之欲上去，便是人心；知觉从义理上去，便是道心。"朱熹认为人心、道心本为一心，但是人心的知觉活动按其内容则可分为两种——符合道德原则（"天理"）的意识是"道心"，充斥着个体情欲的意识则是"人心"。而人之所以会有这两种不同的知觉，乃在于凡人之生都是禀受"理"以为本性，禀受"气"以为形体。"理"（或"天理"）规定了人的道德本质和意识，"气"所构成的血肉之躯则带来了人的感性情欲。值得注意的是，朱熹并没有简单地将"天理"与"人欲"截然对立，他说："天理人欲，几微之间"，"饮食者，天理也；要求美味，人欲也。"正常的合理的人欲就是天理，而过分的不加节制的欲望会遮蔽天理而流向恶，这才是需要被去除的人欲。因此，人的自然属性所决定的生理欲望如饥食渴饮是合理的人欲，也就是天理；而过分要求美味则是一己之私欲，这就是与天理相对立必须被节制被去除的人欲。也就是说，"人心"所包蕴的感性情欲虽不是恶，但如不加以控制，过分的欲望（私欲）就会蒙蔽"道心"而产生出恶。所以朱熹强调："必使道心常为一身之主，而人心每听命焉，则危者安，微者着，而动静云为自无过不及之差矣。"

可以看出唐顺之在理欲问题上主要继承了程朱理学的相关学说。此外，对于"存天理"和"去人欲"，在这一阶段他更加关注的是去欲的工夫。因为"天理"是人人与生俱来的道德本质，也是人类社会能够存在的根据，还是整个宇宙万物的本体。它不外在于人，不睹不闻，只在学者自家体认。而与之此消彼长的"人欲"却人人身上确凿可见，是学者着实可下手处。正如朱熹所云："学者须是革尽人欲，复尽天理，方始是学。"二程也说过："灭私欲则天理明矣。"还说："无人欲即皆天理。"因此，为学是从"去人欲"始，以"存天理"终，"去人欲"即是"存天理"。唐顺之在给朋友的论学书中也说道："若谓认得本体，一超直入，不假阶级，窃恐虽中人以上有所不能。竟成一番议论一番意见而已。"对于那些声称自己悟得本体不假后天工夫的学者，唐顺之持以怀疑的态度，认为他们多半只是在空谈性理而已，去大道尚远。所以，唐顺之对王慎中虽然也讲"悟"，但他却强调"非努力聚气，决死一战，则必不能悟"，也就是说悟得本体之前必实下去欲的工夫。

那么，究竟该如何下去欲（"私欲"）的工夫呢？唐顺之认为首先要有决心、有勇气战胜自己内心的私欲。而决心和勇气正来自于学者为学的志向。但"学问虽是人人本分事，然非豪杰不能志，非刻苦不能成"。因此立志甚为重要。学者须知求学乃是求自家安身立命之所而非一身之外的功名利禄，有此觉悟、明确志向方能下定决心"努力聚气"，与自己内心的私欲"决死一战"。其次，去欲不能只是停留在口头，一定要落实到行动中去。唐顺之对当时学者空谈心性的习气感慨颇深，他说："近来学者病痛本不刻苦搜剔洗空欲障，以玄悟之，语文夹带之心，直如空花，竟成自误……惟默然无说，坐断言语意见路头，使学者有穷而反本处，庶几挽归真实，力行一路乃是一帖救急易方。"又说："当世学者悠悠只是说好看话，做好看事，过却一生，到底终无结果。"

对此，唐顺之提出学者应少说多做，抛却空谈，反身自躬，尽自己所能把去欲的工夫做实，这就是他所说的"力行"。实际上，对于去私欲，唐顺之的确做到了身体力行。嘉靖十五年，在给妹夫王立道的信中他说自己生性简淡，绝少嗜欲，又不喜炫耀显赫，功名利禄不挂于心。可唯独不能淡于口腹之欲，尤其是喜欢吃肉，每餐饭可谓无肉不欢。朱熹说过："饮食者，天理也；要求美味，人欲也。"唐顺之对于自己一贯耽于口腹之欲而不能自制十分懊恼，于是便从戒口腹之欲开始了自己与私欲之间的斗争。此事看起来容易，做起来却极难。起初，他常常强制自己连续四五日不吃肉，结果每顿饭味同嚼蜡，难以下咽，十分难受。好在他意志足够坚定，始终没有放弃，久而久之，竟然不以茹素为苦，甚至甘之如饴了。他提到有一次受邀去一户富贵人家吃饭，面对着一桌山珍海味却完全没有了以往的兴致，只觉得满桌腥秽，根本无法下口。自此，唐顺之终生茹素，彻底根除了好肉食这一嗜欲。除了在饮食上节损嗜欲，唐顺之在平日生活中的方方面面也都十分注意节制欲望。嘉靖二十年再遭罢黜，他愈加苦节自励，"冬不炉，夏不扇，行不舆，卧不裀，衣不帛，食不肉，掇扉为床，备尝苦淡"。这种常人难以忍受也难以理解的生活他一过就是十多年。嘉靖二十九年唐顺之大病一场，几乎濒临死亡。床上仅有的一床又破又薄的被褥冷硬不堪，他这才让人从亲友那里借来了一床厚褥子——这竟然是他一生中第一次睡在厚褥之上！也是在这场大病中，为了养病他才开始食肉。唐顺之自少时就多病，长期艰苦贫乏的物质生活使得他身体状况一直不好，亲友们为此常常劝导他不要太刻薄自己的身体，他却坚持以艰苦的生活来磨砺自己，认为只有这样才能将欲根彻底拔除干净。唐顺之的父亲为此曾请王畿来开导儿子，对于唐顺之的刻苦自励王畿不禁感叹："天下人以戒定慧救贪嗔痴，荆川当以贪嗔痴救戒定慧！"罗洪先在《冬游记》中也提到唐父十分忧虑儿子生活中的诸多"不近人情"处，而罗洪先则安慰道："在令郎不可有，在今世不可无。然令郎煞用功，终当消去，无过虑。"事实上据《冬游记》记载，嘉靖十八年罗洪先赴京任职途经南京，其间与王畿等心学门人反复切磋的正是如何去欲的问题，与好友唐顺之可谓不谋而合。对于二人当时为学工夫，王畿认为唐顺之立志深，用功猛，拼得下一切，但过于执着拘谨，对于心体的圆活灵明尚欠领悟；罗洪先则少了执着，但患在立志不真切，心中多有挂碍，精神散漫。因此，二人为学正好互相砥砺，以彼之长补己所短，各有受用。王畿所言可谓切中肯綮。

主静无欲

"去欲"可以说是唐顺之一生为学的重要核心。早期他用功甚猛，颇见成效。然而去私欲是一个长期艰苦的"作战"过程，并非一劳永逸，唐顺之说"人欲愈克，则愈见其植根之甚深"，那些轻谈去欲容易的人要么是"未尝实下手用力"，或者是"用力未尝恳切者也"。欲望的种子常常潜伏在人心之中，学者必须细细体察，找出"渗漏"，如此才能不断巩固去欲的成果，把去欲的工夫真正做实。唐顺之说"渗漏"二字"一口道破后学者公共病痛"，这是他以自身经验悟出的一番肺腑之言。

唐顺之天性聪明，兴趣广泛，自幼读书即颇多涉猎，举凡天文、地理、历史、历算、辞章，一读就会上瘾，可谓嗜书成癖。科考中他凭借着一笔好文章不仅轻松登第，更赢得了才子之名。嘉靖十四年第一次致仕后，由于开始专注于性命之学，唐顺之逐步有意识地收束起这些嗜好，特别是诗文创作。到了嘉靖十九年，他第二次致仕，时值大明王朝内忧（皇帝刚愎自用，迫害忠良，时有暴动）外患（北虏南倭，战事不断），国家岌岌可危。一直深藏着忧世报国之志的唐顺之，此番归田便格外留心世务，开始钻研起各种经世之学。《行状》中说他此时"一意沉酣六经百子史氏国朝典故律历之书"，且"学射学算，学天文律历，学山川地志，学兵法战阵，下至兵家小技，一一学习"。以唐顺之的天分以及勤奋刻苦，再加上他虚心向四方能者讨教印证，终至博贯诸艺，卓有所成，他身后所留下的"左、右、文、武、儒、稗"六《编》即是明证。

不过，唐顺之很快就开始对这一段博学生涯进行了反思，他敏锐地感觉到自己有沉溺于各种学问技艺的倾向。而且在埋首钻研的过程中，自己的欣厌心、竞胜心不知何时居然又悄悄地滋长起来。乍一看问题似乎不大，可如不加以约束，任其随意滋长，自己之前去欲的工夫很有可能因此而毁于一旦！这不正是修道之人所应警惕的"渗漏"之处吗？因此他在给朋友的一封信中如此说道："非特声色货利之能为心累，而种种聪明、种种才技、种种功业，皆足以漏泄精神而障入道之路，自非痛与刊落，绝利一原，则非所以语七年之病而求三年之艾也。程子曰今之学者无可添，只有减，减尽便无事……"

唐顺之认为学者沉溺于聪明、才技、功业与沉迷在声色货利之中并无本质区别，都会遮蔽自己的道德本心（或"天理"）而走上歧途，因此去欲不仅要去除声色货利之欲，还必须扫除聪明、才技、功业之心，这样去欲的工夫才算做实。而对于生性恬淡的唐顺之来说，去声色货利之欲并不困难，难的是要去除自己对于种种技艺、功业的迷恋，时时警惕不可被自己的聪明和竞胜心所蒙蔽。对此，他提出要"绝利一原"，也就是将种种和修道无关的事情"痛与刊落"，把全部精力都集中在修养心性这一件事情上，这样才有可能复得天理、切实巩固去欲的成果。唐顺之认为程颢所强调的"减"的工夫也正包含此意。

但是真正要做到"绝利一原"又谈何容易！唐顺之三十岁时就已省悟学者读书作文乃在于求得大道所在，溺于文辞技巧可谓本末倒置，可直到四十岁依然难以割舍辞章之好。在《与胡青崖同知》中他说："仆以为兄于世间伎俩，世间好事，不免有多挂胸中处。且夫渗漏多正坐兜揽多耳，此昔人所以贵于绝利一原，不如是则不足以收敛精神而凝聚此道也。弟盖亦沉溺于彼者，年来渐自知非欲痛于扫除，而习气缠绕，摆脱未能……"

唐顺之在此毫不客气地指出好友所学之渗漏正在"兜揽多"——胸中有太多伎俩、好事牵挂，于修道自然未免支离分神。当然他也丝毫没有掩饰自己存在着同样的问题，而且他深知多年习气缠绕，要摆脱各种嗜欲的牵绊并非一夕可至。唐顺之认为要解决"兜揽多"的问题，也只有用明道先生所说的"减"的工夫，一点点、切切实实地"减"掉修道以外的事情，把荡驰在外的精神全部收敛起来贯注于修道这一件事情上，这样才是"减尽"，才是"绝利一原"。可是，单提"减"未免笼统，究竟用何种方法去"减"才最切实最有用呢？对此，他主要采用了静坐的修养方法，通过静坐（把精神集中在静坐这一件具体可行的事情上）逼使自己不再沉溺于各种聪明、才技和功业。当然，静坐并非枯坐，而是要在静坐中收摄精神、完养精神，从而最终能够以饱满充实的精神投入修道中去。于是，将届不惑之年的唐顺之开始闭门默坐，以至于"外则废于亲知之往来，内则废于文史之玩"。他不仅谢遣了四方生徒交游，更捐书烧笔，尽弃了多年来难以割舍的文辞之好。

其实，静坐是宋明理学中一种十分重要的修养方法和传统，源自于理学中的主静思想。明代大儒陈献章对此说过这样一段话："伊川先生每见人静坐，便叹其善学。此一静字，自濂溪先生主静发源，后来程门诸公递相传授，至于豫章、延平二先生，尤专提此教人，学者亦以此得力。晦庵恐人差入禅去，故少说静只说敬，如伊川晚年之训。此是防微虑远之道，然在学者须自量度何如，若不至为禅所诱，仍多静方有入处。若平生忙者，此尤为对症药也。"

陈献章（1428～1500），字公甫，号石斋，世称"白沙先生"。他指出理学中的主静思想由北宋周敦颐首倡。周敦颐在他所著的《太极图说》中有"圣人定之以中正仁义而主静，立人极焉"之语，这里的"静"是一种心性修养的重要方法，而在其学说中"静"也是"寂然不动"的本体所在。因此，"静"既是本体，又是工夫。他还说"无欲故静"，要实现"静"这一本体存在就必须做到无欲，可见"无欲"正是周敦颐"主静"思想的重要内容。二程作为周敦颐的学生也都十分重视其师的主静思想，程颢有云："性静者可以为学。"他认为"静"为入德之基。至于"静坐"则是修养心性的极佳途径，因此二程不仅自己时常静坐，且以静坐为教。程颢曾在扶沟教他的学生谢良佐静坐，程颐每见人静坐便叹其善学。其后，二程弟子谢良佐、杨时等人也都言静，特别是杨时门下，从罗从彦（豫章先生，杨时门人）至李侗（延平先生，罗从彦弟子）更是专提"静"字教人，前者主张要在静中看喜怒哀乐未发前气象，后者则提出"默坐澄心，体认天理"，将"主静"逐渐发展成伊洛传统中的一个重要方面——朱熹称此静中体验未发的主静思想为"龟山门下相传指诀"。实际上，作为李侗的学生朱熹早年也曾深受主静思想的影响，他说："明道（程颢）教人静坐，李先生（李侗）亦教人静坐。看来须是静坐，始能收敛。"后来见只提"静"字易杂入佛、道二家，便以程颐晚年提出的"敬"字来取代"静"。程颐说："敬则自虚静。不可把虚静唤做敬。""敬"包含着"静"，而"敬"又通贯动静，因此以"主敬"取代"主静"就与专事静坐却遗却人伦、脱略事为的佛道划清了界限。虽然朱熹拈出"敬"字后就极少说"静"，但他也认为"敬字功夫，通贯动静，而以静为本"。可见其"敬"字功夫与"主静"思想仍然有割不断的关联，所以陈献章才说朱子的"主敬"之说乃"防微虑远之道"，并没有完全拒斥静坐。

濂洛传统以外，"主静"之说则在陆王心学中占据着更加重要的地位。陆九渊很重视以静坐来发明本心，朱熹就说过他的修养方法是"不读书，不求义理，只静坐澄心"。所谓"静坐澄心"就是通过静坐把精神向里收摄，抛除各种成见以及权威经典的影响，去反观和体悟自己固有的"本心"（天赋的道德观念），以"本心"作为判断和实践的准则。这就是陆九渊对学者一再强调的"收拾精神，自作主宰"，也是他自认与朱熹格物致知的"支离事业"所大不相同的"易简工夫"。陆九渊之后，元代讲朱熹哲学最负盛名的许衡和吴澄也都强调"反求诸心"的主静思想，他们被看作朱陆合流的代表人物，也是明代心学的先声。明代初期，陈献章的老师吴与弼虽讲为学须"持敬穷理"，但他更重视"主静"以涵养本心，对陈献章有着直接的影响。到了陈献章那里，"主静"已经成了他的思想学说的一个重要特色。陈献章从自己的为学经历中总结出"为学须从静坐中养出个端倪来，方有商量处"。黄宗羲也说他的学问是"以静为门户"。事实上，"静"以及"静坐"不仅是他学问的入手处，也是其核心所在。陈献章极其反对朱熹通过"格物"以"致知"的支离之学，认为"理具于心"而不在心外，因此为学工夫的首要在于"反求诸心"，先立得大本，如此之后读书穷理才能有所主而不依附他人，避免陷入支离。"反求诸心"的关键则在"静"，因为静则能专，专则能一，一就是无欲。所以陈献章提倡通过静坐达到"虚明静一"的无欲境界，在此境界中就能体察到心体的"隐然呈露"。陈献章由静坐入手的学问是程朱理学向阳明心学转化过程中极为关键的一步，他直接开启了明代的心学思潮，被认为是明代心学的第一人。至心学的集大成者王守仁则主张"动静合一"之说，提出了"静处体悟，事上磨炼"的修养方法：一方面，他认为"静坐息思虑"是为学入门的第一步，说"初学时，心猿意马，拴缚不定，其所思虑多是人欲一边，故且教之静坐息思虑"；另一方面，他又反对学者喜静厌动，所以说"人须在事上磨，方立得住"，"若只好静，遇事便乱，终无长进"。王阳明之后，其后学主要分为"现成""修证""归寂"三大派，其中以聂豹、罗洪先为主要代表的"归寂派"又掀起了一股"主静"的潮流。实际上，无论是前者提出的"致虚守寂"，还是后者所主张的"收摄保聚"，皆旨在纠正阳明后学中存在的只讲良知现成（"良知见在"）而忽略工夫的流弊。

至此，我们不难发现唐顺之的静坐之法有着十分深厚的理学思想渊源。在中国思想史的展开中，提到"主静"以及"静坐"是绝对无法绕开佛道二家的。道家从老子的"致虚极，守静笃"到庄子的"心斋""坐忘"，佛家尤其是禅宗的静坐，这些工夫的背后都有着浓厚的主静思想。事实上自周濂溪始，理学中的"主静"思想实际是儒家学说对佛道二家的相关思想以及修养方法的融会吸收。但是由于二家特别是佛家静坐所欲达到的乃遗却人伦、脱略事为的寂灭之境，所以历来儒者说"静"都十分注意与之区别，程颐、朱熹还特别拈出"敬"来取代"静"。对此，唐顺之也说："濂洛主静与教人静坐之说亦在后人善学，不然尽能误人。非特攘闹汩没中能误人也，禅家之绝去尘缘一蒲团了却此生，此所谓果哉？"可见，静坐只是工夫（手段）而绝非目的，唐顺之静坐是为了"收敛精神，凝聚此道"，是为了达到最终的"无欲"境界以体认大道（"天理"）所在。

此外，静坐这种静中涵养的工夫强调直接在心性本体上用功，它作为一种非逻辑的直接体悟尤为心学家们所重视。从陆九渊到许衡、吴澄，再到陈献章，他们都试图用静中直接涵养本原的向内工夫取消掉程颐、朱熹格物穷理的向外工夫，更确切地说，他们都认为静中涵养乃是为学的首要和根本工夫，只有涵养工夫到后读书穷理才能"致知"，否则盲目读书穷理就极易陷入支离之中。其实，心学所倡导的这种"易简"工夫针对的正是程朱理学重事事省察的支离之弊，这种强调静中直接涵养本原的工夫，是程朱理学向心学转变的一个重要标志。唐顺之自嘉靖十九年第二次致仕之后，之所以在一段时间之内会致力于天文、地理、历算、历史、兵法等各门学问，毫无疑问大明王朝内忧外患的处境是一直接原因。而他当时正受理学思想影响甚巨，程颐、朱熹对"道问学"的重视，对格物穷理这般向外工夫的强调，也是导致他究心于各种学问知识的一个重要原因。但是随着他去欲工夫的深入，以及逐渐受到"主静"

思想的影响，他把为学精力逐渐转移到通过静坐而反观体悟自家内心上来。到唐顺之四十岁前后，他更加体会到"古人学问宗旨只在性情上理会，而其要不过主静之一言"，因此"日课一诗，不如日玩一爻一卦，日玩一爻一卦，不如默而成之"，因为"寂寥枯淡之中其所助于道心者为多也"。至此，唐顺之终于从对各种学问技艺（包括辞章）的嗜好沉溺中完全挣脱了出来，解决了自己去欲过程中的"渗漏"问题。而在去欲过程中，由对格物穷理的向外工夫的重视转为对静中涵养心性的向内工夫的重视，也标志着唐顺之的思想由理学、心学交杂时期正逐渐过渡到以心学思想为主的时期。通过在静坐中反身自观，通过对自家心性的直接体悟，唐顺之自己成熟的心学思想正在一步步形成。

二、悟解心学

天机自然

嘉靖二十五年，唐顺之在家乡武进侍奉老父。这一年的春天，罗洪先、戚贤、王畿、万表、陈明水、吕沃洲等众多阳明后学相继来访，这是自嘉靖二十年唐顺之落职而归后首次与这么多学友共聚一叙，虽时日不长，却既得一偿别后思友之情，更能借此良机与众友人当面交流近来体道所得。其中，与罗洪先相谈犹为契合。据胡直所作《念庵先生行状》中所云，唐顺之与罗洪先"夜语契心，相对跃曰：'庶几千载一遇乎？'遂达旦不寐"。罗洪先也有诗记此事道："一言天所契，千载似俱非。何事声相应，而能心不违。道从疑后得，机向识中微。大笑重嘲问，狂生或可几。"

作为唐顺之入道的引路人，罗洪先的学术思想一直对唐顺之有着不可忽视的影响。嘉靖十二年，罗洪先奔父丧至家曾作书告诫唐顺之要"专精于学，惟勿惑于他歧"，尤其要注意所谓"多学而识"的"知识之痛"，可见罗洪先早就注意到唐顺之对各种学问技艺的嗜好会成为他今后进道的障碍，所以他才在信中苦口婆心地说道："应德之学，不患不实，所患者，恐非本心流通耳。"嘉靖十八年，归田在家的唐顺之、罗洪先同被选为太子宫僚，官复原职；嘉靖十九年，分隔七年之后二人终于在京师重聚。据罗洪先《冬游记》所载，嘉靖十八年左右，他的学术思想正处于"主静无欲"的阶段，专注于通过"收敛翕聚"的静坐工夫以达到无欲之境。而当时唐顺之最关注的也是如何去私欲的问题，可以想见在京为官的一年中，他和罗洪先肯定为此展开了深入的讨论。事实上，对当时二人思想皆有了解的王畿就曾建议他们互相砥砺，各以所长，相砥所短。王畿认为在去欲的问题上唐顺之可谓刻苦自励用功甚猛，但也太过执着、拘束于去欲的工夫，而对心体的圆活灵明尚欠领悟，因此才会在生活中作出种种不近人情的举动，所以他对罗洪先说"以善养活人处，荆川却不如兄"。其实，当时唐顺之正受程朱理学影响甚深，他要"存天理，去人欲"，但是这"天理"却不在人心之中，因此他注重去欲的向外工夫，却不在心体上直接用功，距离心学的路径尚远。罗洪先也以"无欲"为目标，受聂豹"归寂"思想的影响，他以"主静"为实现此目标的方法。如王畿所言，他在这一阶段未免执着于"静"本身，但罗洪先受阳明心学的影响认为"天理"就在心中，"理"就是"心"，因此他所提倡的"主静"以及"静坐"是一种注重直接在心体上用功的方法，这正是心学修养中的一个重要路径。前面已经提到，唐顺之在去欲的问题上后来（嘉靖二十年罢官之后）也吸收了"主静"的思想，采用了静坐的具体方法。通过静坐，他把荡驰在外的精神收敛起来，亲友交游尽从谢决，博闻杂技全部放下。同时，在静坐中他反身自观，发现所谓"天理"不在心外，就在自己的心中，这才逐渐领悟到为学之力不在外，当反求诸心。由此开始摆脱程朱理学的影响，走上了心学之路。可见"主静"不仅是唐顺之去欲的一个重要方法，更在其接受心学的过程中扮演了一个十分重要的角色。而他"主静"思想的一个重要来源正是他所敬重的好友罗洪先。嘉靖十九年，在与罗洪先论学特别是交流有关去欲问题的过程中，唐顺之应该已经接触到罗洪先的"主静"思想。到了嘉靖二十五年，唐顺之专力静坐已有几年。此时的罗洪先，进一步接受聂豹的"归寂"思想，并对王畿"现成良知"说展开批判，他虽还未提出"收摄保聚"一说，但是他的"主静"思想却是更加明确和成熟了。而罗洪先与唐顺之此聚彻夜长谈，之所以发出千载难遇的知音之叹，便在于二人此时都重在"主静"。

应该说，罗洪先的"主静"思想对唐顺之有着十分重要的影响，这种影响在唐顺之于嘉靖二十九年写给老友王慎中的信中依然清晰可见：

> 近年来痛苦心切，死中求活，将四十年前伎俩头头放舍，四十年前意见种种抹杀，于清明中稍见得些影子，原是彻天彻地，灵明浑成的东西。生时一物带

不来，此物却原自带来；死时一物带不去，此物却要完全还他去。然以为有物，则何睹何闻；以为无，则参前倚衡，瞻前忽后。非胸中不挂世间一物则不能见得此物，非心心念念，昼夜不舍，如养珠抱卵，下数十年无渗漏的工夫，则不能收摄此物，完养此物。自古宇宙间豪杰经多少人而闻道者绝叹其难也，好仁者无以尚之，此真消息也。终日如愚，终日忘食，此真工夫也。无以尚之，则有一物可尚，便不是此物矣。忘食则于闲事有不暇者矣，如愚则于才技有不使者矣。孔颜一生工夫，所以完养收摄此宝藏也。仆近稍悟得此意而深恨年已过时，虽知其无成，然本是自家宝藏，不得不有冀于万一也。是以痛为扫抹闲事收敛精神之计，则不得不简于应接……

按信中所述，唐顺之四十岁左右对之前的所学进行了全盘清算，此后他的学术便进入了一个全新的阶段。在新阶段中，他提倡为学重在"完养""收摄"的工夫。所谓"完养""收摄"便是"终日如愚，终日忘食"的"真工夫"，也就是要扫抹闲事、收敛精神。可见，他虽然没提"主静"或"静坐"，"完养""收摄"仍然指的是静中涵养的工夫。此外，"完养""收摄"与罗洪先后来所主的"收摄保聚"在话头上也十分相似。可见，唐顺之此时依然受到罗洪先"主静"思想的深刻影响。值得注意的是，唐顺之要完养收摄的"此物"究竟是什么？

按信中所述，"此物"是唐顺之将自己四十年来的种种意见伎俩通通放下之后体悟到的一个"彻天彻地，灵明浑成的东西"。虽说他"死中求活"一番苦功之后也只看到这个东西的些微"影子",他还是详细描述了"此物"的特点。首先,"此物"看不见摸不着,却无处无时不在。唐顺之特别强调了它是人人的"自家宝藏",生自带来,死则还去。其次,学者要识得"此物"须"胸中不挂世间一物",还须心心念念、不舍昼夜地收摄完养它——唐顺之说圣人们一生为学的工夫正在于此。应该说,这封信确实显示了唐顺之为学以来的重要飞跃。他所描述的"此物"应该是一个具有本体意义的东西,"收摄完养"则是具体工夫。只是他此时所思尚未成熟,所以信中对此还没有给出一个明确的说法。三年之后在《与聂双江司马》中,唐顺之又提出了"天机"一说。

> 尝验得此心天机活物,其寂与感,自寂自感,不容人力;吾与之寂,与之感,只自顺此天机而已,不障此天机而已。障天机者莫如欲,若使欲根洗尽,则机不握而自运,所以为感也,所以为寂也。天机即天命也,天命者天之所使也,故曰天命之谓性。立命在人,人只是立此天之所命者而已。白沙先生色色信他本来一语最是形容天机好处。若欲求寂,便不寂矣;若有意于感,非真感矣。

这里,唐顺之用"天机"概括了自己的体道所得。显然"天机"便是他前面所说的"此物"在其思想成熟之后的一种说法。黄宗羲在《明儒学案》中概括唐顺之的学术为"以天机为宗,以无欲为工夫",也是将他的"天机"说当作其一生学术成熟的标志。那么,我们先要弄清楚"天机"到底指的是什么?

黄宗羲说："夫所谓天机者即心体之流行不息者是也。"他认为唐顺之所说的"天机"是"心体"（本体意义上的"心"）。其实，"天机"在唐顺之的学说中可谓涵括了宇宙论与人性论两个层面。他说"天机即天命也，天命者天之所使也"，这是就宇宙本体而言；"故曰天命之谓性，立命在人，人只是立此天之所命者而已"则是就人性而言。但无论是说天命还是说人性，其核心都在于"天机自然"，即黄宗羲所说的"心体之流行不息"。就宇宙论而言，"天机"即"天命"，"天机自然"指的是宇宙万物的运动和发展都遵循着自然规律而行，是自然而然、不假人力安排的。这是唐顺之学术思想的基石。但是和所有的理学家一样，他的兴趣显然不在探究宇宙本体问题，而是由此进入对人性、人的本质和价值等一系列以人为核心的问题的探讨上来，"天机自然"最终还是要落实到人性论上来。《中庸》云"天命之谓性"，唐顺之说"立命在人，人只是立此天之所命者而已"，也就是说"天命"显现在人这个主体身上就是"性"，"天命"与"性"合一。因此，"天机"（"天命"）不仅是"天命"，还是"性"——"天机自然"就是天所赋予人的自然本性。此外，正如黄宗羲所论，唐顺之的"天机"还有"心体"之意，并且将"天命"和"性"都涵括在"心体"当中了。如此看来，"天机"实承王阳明的"良知"而来。和"良知"一样，"天机"既是内具于人心之中的宇宙万物的本体（"天命"），也是人的道德本体（"性"）。因此，"天机"在唐顺之此时的学说中占据着本体论的重要地位。

现在来看唐顺之是如何形容他所体验到的"天机"的。首先，他说"天机"圆活，自寂自感，容不得丝毫人力把捉。其次，"天机"会被人欲所遮蔽，只有达到无欲之境，方能"与之寂，与之感"，顺"天机"而行。前者说的是本体，后者说的则是工夫。其实，无论从本体还是从工夫上说，"天机"的关键都在于"自然"。就前者而言，"自然"指的正是"天机"作为本体的先验性和超越性，即"自寂自感，不容人力"；就后者而言，正因为"天机"具有自然而然的特性，所以在工夫上应当"顺"天机自然而行，不可刻意执着，正所谓"若欲求寂，便不寂矣；若有意于感，非真感矣"。对此，唐顺之说陈献章的"色色信他本来"是形容天机自然的最好说法。

陈献章说："色色信他本来，何用尔脚劳手攘！舞雩三三两两正在勿忘勿助之间。"可见，所谓"色色信他本来"主要指的是顺应事物的自然本性（或规律），不做人为私意执着的为学工夫。因此，《明史》论陈献章之学"以自然为宗"。其实，"以自然为宗"不仅指工夫，也是其学说的本体所在。陈献章说："天命流行，真机活泼……万化自然，太虚何说？"他认为宇宙万物都自然而生，自然而行，活活泼泼，自有其规律，不以人的意志为转移。他的学生湛若水在《重刻白沙先生全集序》中说："夫自然者，天之理也。理出于天然，故曰自然也。"可见，不仅"天命"自然，"天理"也是自然。而白沙之学讲心与理一，心与道一，将"天道"（或"天命"）、"天理"都统一在他的"心体"之中，因此"夫忠信、仁义、淳和之心，是谓自然也"。总之，在白沙先生的学说中，从宇宙到人世间，万事万物皆本于自然。因此"宇宙内更有何事，天自信天，地自信地，吾自信吾"，不劳学者安排。不仅如此，学者为学便是要至此"自然"之境，并最终获得心灵的自由和无滞。所以，白沙强调有了孟子的"勿忘勿助"工夫，才能实现曾点"舞雩三三两两"的和乐之境——这是他学宗"自然"的真谛所在。

此外，唐顺之的"天机"既承王阳明的"良知"而来，那就肯定受到了良知学说的影响。王阳明说："知是心之本体，心自然会知，见父自然知孝，见兄自然知弟，见孺子入井自然知恻隐，此便是良知，不假外求。"这里讲良知"自然"，是指"良知"的先验性，强调"良知"是人心本来具有的道德自觉能力，这主要是从本体的意义上说"良知"。阳明后学中，王畿对良知的"自然"特性揭示得更为深入。他说："良知是天然之灵窍，时时从天机运转变化。云为自见天则，不须防简，不须穷索。何尝照管得，又何尝不照管得?"他还说过："人心虚明，湛然其体，原是活泼，岂容执得定?惟随时练习，变动周流，或顺或逆，或纵或横，随其所为，还他活泼之体，不为诸境所碍，斯为之存。"王畿用"湛然""活泼""天然之灵窍"来形容"良知"（或人心），也就是说"良知"作为本体的自然性。此外，正因为"良知"本体自然活泼，从工夫上来讲便不容执定，"不须防简，不须穷索"，一任它顺逆纵横，学者只是随其所为，"还他活泼之体"。其实，作为王门"现成派"的代表人物，王畿所倡的"现成良知"说中就包含着所谓"不犯做手"的自然工夫，也就是他所说的"无工夫中真工夫"。他还由其师王阳明的"四句教法"引申出自己的"四无说"，即"若悟得心是无善无恶之心，意即是无善无恶之意，知即是无善无恶之知，物即是无善无恶之物"。"四无说"中第一句说的是心体的先天自然属性，后三句则是在说工夫的无所著。可见，在王畿那里贯穿在本体和工夫中的正是"自然"。

从上面的论述中可以看出唐顺之"天机自然"一说确实受到了陈献章、王阳明、王畿等人心学思想的深刻影响。其实，早在嘉靖二十四年唐顺之写给友人陈昌积的书信中就已提到了"天机"，他说"天机尽是圆活，性地尽是洒落"。所谓"圆活"也就是无所滞、自然而然的意思。"天机自然"在这里似乎已经有了雏形，但是唐顺之所学当时正处于由理学和心学相交杂向心学思想过渡的时期，因此这一学说的真正成熟却是将近十年之后了。从"天机圆活"到"清明中稍见得些影子"，再到"吾心天机自然之妙"，唐顺之对于"心"的体悟在反观自觉中不断深化——"天机自然"便是其心学思想成熟的重要标志。在这里，关于此说仍有几点需要说明：

首先，"天机"一说受到了道家思想的影响。"天机"一词最早就出自于《庄子》，《天运》篇有云："天机不张，而五官皆备，此之为天乐。"《大宗师》中亦有"其嗜欲深者，其天机浅"的说法。对此，成玄英解释道："天机，自然之枢机……夫目视耳听，手把脚行，布网转丸，飞空走地，非由仿效，禀之造物，岂措意而后能为！"可见，庄子的"天机"是指人的天性，"天机"禀自于"道"，因此是自然而然，不需人为的。但是人的嗜欲会蒙蔽这天赋灵性，因此需要摒除欲望，寂然不动，方能顺"天机"而行，进入自然的大美之境。唐顺之的"天机"自然，以及"障天机者莫如欲，若使欲根洗尽，则机不握而自运"，很明显借鉴了庄子的说法。前面提到，唐顺之自己也承认他的"天机自然"受到陈献章的很大影响，而陈献章"以自然为宗"的思想中就有着十分浓厚的道家学说意味。其实，唐顺之生性恬淡，早年宦场的斗争起伏还有他长期以来的身体问题，都使得他易于接受很投合他性情的道家思想，去寻求身心的宁静。他治学一度以静坐去欲为要，这固然是出于理学修养的需要，也不可否认受到了道家"清静无为"思想的影响。中年之后唐顺之因为身体原因开始修习起道家的养生术，他常在写给朋友们的信中提到自己在和道人们修习"归根"之法，以及老子的"归根复命"对他"主静"思想的启发。可以说，正是在静坐向内的不断体悟中，唐顺之形成了自己的"天机自然"之说。因此，他的心学思想的成熟在某种程度上实际也得益于道家思想的影响，这一点是无可置疑的。

另一点需要注意的是，唐顺之在《与聂双江司马》中，无论是在本体还是工夫上对于"天机自然"的强调实际是针对聂豹的"归寂"说提出的。所谓"归寂"说主要是一种强调主静的工夫论，它根源于聂豹的"良知本寂"这一对"良知"本体的认识。聂豹说："良知者，虚灵之寂体，感于物而后有知，知其发也。"聂豹认为"虚寂"乃是良知本体的本质特征，至于良知所具有的"知善知恶"的道德评判能力则是本体的后天发用。因此，为学工夫就在于"归寂以通感，执体以应用"，强调必须回归到"虚寂"之心体（"良知"）上用功。与此相关，他还提出了"心有定体"之说，认为"良知"作为本体是心中的一种一成不变的"定体"，可以通过反观或收摄（"归寂"）来把握。

关于聂豹的"归寂"以及"心有定体"说，唐顺之从本体和工夫两个方面发表了自己不同的看法。首先，他认为心体

"自寂自感，不容人力"，指出作为一种先验和超越的东西，心体是无所谓"寂"或"感"的，也就是"无寂无感"。因此，他对于聂豹以"寂"言体而以"感"言用，这种将"寂感""体用"割裂的观点并不认同。他又进一步指出聂豹以及罗洪先的"心有定体"说是一种"强把捉""强猜度"，认为"无定体者即此心之定体"，而不是胶执于以"虚寂"为心之定体。其次，唐顺之对于聂豹以"主静"为特征的工夫论也颇有意见。他认为心体至活，自寂自感，因此学者只能"与之寂，与之感"，顺其自然而行，而不是执着于主静来收敛涵养身心。其实，唐顺之也注意到"归寂"工夫其要在于救治阳明后学中只讲良知现成而忽略致知工夫的流弊，他说："今之学者种种欲障绝未摆脱，世间熏天塞地无非欲海，学者举心动念悉是欲根，而往往托'无寂无感''无善无恶'之说以覆其放逸无所忌惮之私……夫此心原无放逸，则不必论主寂，有放逸则不可不论主寂。学者此心原不放逸者，能有人哉！"但是，他又说："然学者用却有寂有感的工夫却是于此中欲识得无寂无感的本心，欲复得无寂无感的本心，而非以此妨彼之谓也。"唐顺之认为聂豹、罗洪先的"归寂"工夫虽有救病之效，但却执着于"静"和"寂"的工夫本身，因此无法进一步引导学者去领悟那"无寂无感的本心"。其实，唐顺之与聂豹在工夫论上的差别根源于他们各自本体论的不同。前面提到过聂豹、罗洪先的"归寂"工夫曾经对唐顺之产生过深刻的影响，甚至可以说在其学术思想转折中扮演了极其关键的角色。但是，随着唐顺之心学思想的不断发展，他提出了"天机自然"一说，认识到心体圆活、无滞的"自然"性，这就必然导致其对于"归寂派"

执着于"寂"、割裂"寂感"和"体用"的心体论的反思，并进而对于影响过自己的"主静"工夫进行了比较深刻而全面的批判。这一点也恰恰显示出唐顺之学术思想的飞跃和成熟。

最后，还需要注意唐顺之的"天机"说对于"人"作为主体的地位和价值的关注。他在《明道语略序》中说道：

> 道致一而已矣，学者何其多歧也。盖圣人赞《易》模写人心之妙，与乾坤合体，而蔽之两言，曰"忠心"、曰"敬"。忠心者非他也，吾心之无所欺焉者而已矣；敬者非他也，吾心之无所肆焉者而已矣。此无所欺之心，即此无所肆之心；此无所肆之心，即此无所欺之心；此无所欺无所肆之心，即浑然乾坤之心，非二也。

他认为学以"心"为主。前面说过唐顺之的"心体"（"天机"）是宇宙万物的本体（"天命"）和人的道德本体（"性"）的合一，他在这里再次强调了这一点——所谓"此无所欺无所肆之心，即浑然乾坤之心"，可见"性"与"天命"为一，且统一在"心体"之中。进一步来看，此"心体"不是别的，它就是"吾心"，在内不在外。因此，"忠心"和"敬"并非表面的戒谨，而是要直接在"吾心"上做工夫——学者只有在自家心体上向内用功才是为学的正途。唐顺之常说"吾心天机自然之妙"，"吾心"就是"天机"，万物由此而出，道德对于人来说不再是他律而是自律，因为它也出自每个人自家之心。这就将"人"这一主体本体化了，从而提高了人作为主体的地位和价值。其实，从陆九渊的"宇宙便是吾心，吾心便是宇宙"，到陈献章的"天地我立，万化我出，而宇宙在我矣"，再到王阳明的"心外无理""心外无物"，人作为主体的自信和自我肯定，通过主体的本体化在心学发展历程中得到了延续和强化。唐顺之的"天机自然"之学显然深得心学的这番旨趣，由此他的为学工夫开始从拘谨执静逐渐走向自信吾心的圆活无碍，他的人生也因此走向了比一般理学家更为开阔的境地。

无欲为静

"天机自然"一说标志着唐顺之心学思想的成熟。其中，"自然"既指出了作为本体的"天机"圆活无滞、自寂自感，也指示了为学工夫当顺天机"自然"而行，不容人力。但是，所谓"顺天机而行"并"与之寂，与之感"真可谓说得轻巧，何况作为为学工夫未免让人无从着力。对此，唐顺之又说："障天机者莫如欲，若使欲根洗尽，则机不握而自运，所以为感也，所以为寂也。"他认为"障天机者莫如欲"，要实现"天机自然"就必须从"去欲"下手用功，一旦"洗尽欲根"达到"无欲"之境，便可以顺"天机"自然而行了。这里，他又提到了自其为学以来一直关注的"去欲"问题，只是现阶段他对这一问题显然有了一番新的思考。

"去欲"的提出首先是针对王门后学（主要是"现成派"）的任情恣肆、不顾名检而言的。明代至嘉靖一朝可谓士风日下，特别是嘉靖中期以来知识阶层自上而下可谓竞声利而寡廉耻，唐顺之多年来一直感慨于此，他说："今之人心士习靡靡然沈酣于富贵声利之乐，则既以道德仁义为刍狗，而有能为道德仁义之说者，又往往口耳而不中于实用，是以沦胥愈

103

下，至于廉耻敦朴之道丧而狙利机械之俗成。"唐顺之注意到那些整日口谈道德仁义之人恰恰是最不把道德仁义当作一回事的人，知识阶层尚且如此，更何况受其教化熏染的普通百姓呢？唐顺之所批判的对象中有相当一部分人属于王门后学，他说："学者举心动念悉是欲根，而往往托'无寂无感''无善无恶'之说以覆其放逸无所忌惮之私。"这指的就是以王畿为代表的"现成派"诸人。前面说过，王畿学主"自然"，在工夫论上主张一种"见在工夫"。此"见在工夫"来自于其师王阳明，强调要在当下去把握本心，王畿更进一步将其发展成一种不犯做手、不须修证、当下圆成的工夫，即所谓"无工夫中真工夫"。王畿的工夫论显然十分强调一种不容人力的自然无执，它源自于"良知"本体的自然流行，因此所谓"致良知"也只是循良知自然而行。此外，强调"见在工夫"的自然无执、当下现成，也是针对"归寂派"割裂体用的执静归寂工夫而言的。然而王畿的"见在工夫"未免玄虚，既然不犯做手、不须修证、当下圆成，也就是没有什么具体工夫和方法可循，罗洪先就指出此工夫其实"却无工夫可用，故谓之以良知致良知"。聂豹批评王畿道："论学每病过高……虽说得天花乱坠，终亦何济？"不仅如此，这一"见在工夫"还"不须防简、不须穷索"，这与传统理学修养论中的戒慎恐惧、省察克治、惩忿窒欲、收敛凝静等持敬涵养工夫显然相去甚远，因此王畿所谓当下现成的"无工夫中真工夫"很容易导致任情恣肆、猖狂无忌等现象的出现，甚至会成为一些人放荡恣肆的幌子，这就是唐顺之前面所说的"托'无寂无感''无善无恶'之说以覆其放逸无所忌惮之私"。

事实上，唐顺之就曾写信给王畿委婉地批评他"笃于自信"以至"不为形迹之防"。据唐顺之信中所言，王畿在家乡接受了当地某官员赠予的一块风水极佳的佃寺田，欲作其父墓穴之用，因此引来了一些争执和非议。尽管唐顺之坚信，以王畿其人断不至于为一己之私占此田地，但他身上也并非无可检点之处。所谓"夫毁誉利害不足计，然得无吾党亦有过乎？苟非过于自信而疏于事情，无乃所谓素信于人者之未至耶？"可见，即便高明如王畿本人，其信心而为也未免流于放诞，惹人非议，那些追随他的一般学者就更加难免于此了。因此，尽管唐顺之十分认同王畿的"四无说"和"良知现成说"对于本体"自然"的认识，但是对其不犯做手、当下圆成的"见在工夫"却并不认同。他说：

> 天机尽是圆活，性地尽是洒落。顾人情乐率易而恶拘束，然人知安恣睢者之为率易矣，而不知见天机者之尤为率易也；人知任侠宕者之为无拘束矣，而不知造性地者之尤为无拘束也。……真求率易与无拘束之所在也，则舍天机、性地将何所求哉？

在唐顺之看来，"乐率易而恶拘束"是人之天性，但是"率易"并不是无拘无束、任意妄为，而是顺"天机"自然而行——"天机"乃人性所本，见"天机"自能适性任情，这才是"洒落"，才是真正的"乐率易而恶拘束"。因此，学者必须切实下手做去欲的工夫，如唐顺之提出的"小心"二字那样，要"细细照察，细细洗涤，使一些私见习气不留下种子在心里"。当然，此所谓"小心"并非"矜持把捉"，为学的工夫终究还是要至于那鸢飞鱼跃的天机自然之境。唐顺之说：

> 江左诸人，任情恣肆、不顾名检，谓之脱洒。圣贤胸中，一物不碍，亦是脱洒，在辨之而已。兄以为脱洒与小心相妨耶？惟小心而后能洞见天理流行之实，惟洞见天理流行之实而后能脱洒，非二致也。

真正的"脱洒"并非如江左诸人（"现成派"）那般任情恣肆、不顾名检，而是"脱洒"不离"小心"，二者并不矛盾。学者只有"小心"将心中的私欲扫除干净，才能"洞见天理流行之实"（"天机自然"）——这便是圣贤胸中"一物不碍"的"脱洒"，是真正的"脱洒"。

其实，相对于"现成派"的放任恣肆、不顾名检，唐顺之此时为学讲求"以无欲为工夫"，主要是针对"归寂派"的工夫论而言。前面已经说过，作为"现成派"的代表，无论是聂豹的"归寂"还是罗洪先的"收摄保聚"，其工夫论都有着浓厚的"主静"特色。而他们"主静归寂"的工夫论也都是针对阳明后学中（主要是"现成派"）由"以知觉为具足""以见在为良知"等观点所带来的种种流弊而发的。对于聂豹和罗洪先企图救治王学末流之弊的良苦用心，唐顺之无疑是充分肯定的。"归寂派"以"寂"为良知本体，以"良知"所具有的知善知恶的"知觉"功能为良知之用；"体"是未发之前寂然不动（此为"静"）， "用"是已发之后感而遂通（此为"动"）——由"体"生"用"，因此注重通过"归寂""收摄"的主静工夫复得"寂体"，"体"立则自能达"用"。"归寂派"之说实际割裂了"体用""寂感"和"动静"，这就与讲求体用一源、动静一体，随事就物致其良知的阳明心学发生了偏离。阳明弟子陈九川就指出聂豹之学实际是"延平以来相沿之学"。尽管以"主静"为特色的"归寂"工夫对于唐顺之学术思想的进展起到过十分巨大的推动作用，但是在其心学思想成熟之后便开始对它展开了全面的反思和批判。

唐顺之对于"归寂"工夫的批判主要是针对其"执静"而言的。他在《答吕沃洲》中说道：

> 大率此学只论有欲无欲，不论宁静扰动。若本无欲障，则顷刻之间念念牵转，即是本体；若欲障未尽，则虽穷年默坐，能使一念不起，亦只是自私自利根子，白沙先生尝言"静中养出端倪"，此语须是活看。盖世人病痛，多缘随波逐浪迷失真源，故发此耳。若识得"无欲为静"，则真源波浪本来无二，正不必厌此而求彼耳。兄云山中无静味而欲闭关独卧以待心志之定，即此便有欣羡畔援在矣！请兄且毋必求静味，只于无静味中寻讨；毋必闭关，只于开门应酬时寻讨，至于纷纭镠辘往来不穷之中，更试观此心何如？

唐顺之以为工夫不在"动"或"静"，而在于学者能否做到"无欲"。如若心中无欲，即便意念动荡不息，此动荡也不离本体，只是随本体（"天机"）自然流行而已；如若欲障未尽，即便静坐不起一念，也终难见得本体，固执于静只能说是"自私自利"。唐顺之又说陈献章的"静中养出端倪"，其所谓"静"或"静坐"只是工夫和手段，目的则在于"无欲"，只有在"无欲"之境中方能见到心体所在。因此，学者不必胶执于"静"，"无欲"即是"静"。这里的两个"静"，前者作为工夫、手段，是"动静"相对之"静"；后者则是指"虚寂"

的本体之境，这是绝对意义上的"静"。唐顺之现在所强调的显然不是主静的工夫，而是本体意义上的"静"，即"无欲为静"。他说："若识得'无欲为静'，则真源波浪本来无二，正不必厌此而求彼耳。"所谓"真源"即本体，"波浪"即用，体用无二。所以他叮嘱自己的朋友不必闭关默坐刻意求静，而是要在"开门应酬时"体认心体，于"无静味中"寻讨静味，这才是学问的真正得力之处。王畿也说过意思差不多的一段话："古者教人……未尝专说闭门静坐，若日日感应，时时收摄，精神和畅充周，不动于欲，便与静坐一般……若必待闭关静坐养成无欲之体，始为了乎？不惟蹉却见在功夫，未免喜静厌动，与世间已无交涉，如何复经得世？"王畿对于"归寂派"工夫论割裂体用的弊端可谓一语中的。

唐顺之又进一步分析、批判了各种"主静"的工夫论，他说：

> 彼其所谓从事于心者，盖未尝实有见乎天机流行自然之妙，而往往欲以自私用智求之。故有欲息思虑以求此心之静者矣，而不知思虑即心也；有欲绝去外物之诱而专求诸内者矣，而不知离物无心也；有患此心之无着而每存一中字以着之者矣，不知心本无着、中本无体也。若此者彼亦自以为求之于心者详矣，而不知其弊乃至于别以一心操此一心，心心相捽，是以欲求宁静而愈见其纷扰也。

唐顺之说学者们在工夫上的刻意、执着（这里主要指"主静"）就是明道先生《定性书》中所说的"自私用智"。其实，无论是欲息思虑以求心静，还是要绝外物之诱而专求于内，抑或心存一"中"字，问题都在于把"心"割裂为动静、内外，而没有意识到其实只有这一个"本心"。"本心"即唐顺之所说的"天机"，"天机"自然流行，即动即静，即寂即感，不容人力。但学者却以"自私用智"刻意把捉，正所谓"别以一心操此一心，心心相捽"，以至于欲求宁静却愈见纷扰。唐顺之说"障天机者莫如欲"，如此看来"自私用智"也正是遮蔽天机自然之"欲"，要做到"无欲"，便一定要摈弃各种刻意和执着。那么，"归寂派"喜静厌动、闭门求寂的工夫论自然是要不得的。

以上所说的"自私用智"主要是针对"归寂派"的执静思想而言的。以王畿为代表的"现成派"在理论上可以说做到了体用一源、动静合一，即本体即工夫，但是实际上却更加注重心体的当下直觉，忽略了静中涵养的工夫，其末流甚至以任情恣肆、猖狂无忌为脱洒。从这个意义上来说"现成派"的思想也不免执于一隅。对于当时阳明后学中相互对立、争执十分激烈的"现成派"和"归寂派"，唐顺之实际从工夫论着手对两派学说作了一定程度的调和。对于"现成派"他提出"小心"与"脱洒"无二致、"脱洒"不离"小心"；对于"归寂派"他则主张要于"无静味中"寻讨静味，于"开门应酬"时体认虚寂之心体。其关键则都在"去欲"，"现成派"的放任恣肆是"欲"，"归寂派"的"自私用智"也是"欲"。只有将欲根洗尽，达到"无欲"之境，方能顺"天机"自然而行，与之寂，与之感，无往而不自得。

有了这番认识之后，唐顺之自己在学问以及人生境界上可谓都有了一个极大的飞跃。虽然他此时为学仍以"去欲"为要，但既不像入道之初那般刻苦自励以去一身血气之私，也不像后来那样执着于静中息灭思虑以绝去种种聪明才技之诱，而重在破除这"去欲"的念头——只有连"无欲"之念也破除掉，这才是真正的"无欲"。"无欲"正如孔子说的"毋意、毋必、毋固、毋我"，也就是无所执，是自然而然。唐顺之说："人谓有意为不善与有意为善皆能累心，如瓦石屑、金玉屑皆能障眼，惟'慎独'二字是正法眼藏。""善"与"不善"，"为"还是"不为"，皆有天机自然主宰，无须人为后天起意。然而，"起意"是"意"，"不起意"也是"意"。他说："慈湖之学，以'无意'为宗。窃以学者能自悟本心，则意念往来如云雾相荡于太虚，不惟不足为太虚之障，而其往来相荡即太虚之本体也。何病于'意'而欲扫除之？苟未悟本心，则其无意者乃即所以为意也。心本活物，在人默自体认处。何如不然，则得力处即受病处矣。"唐顺之认为南宋杨简（人称"慈湖先生"）的"不起意"之说执着于"无意"，甚至提出要"绝意"，因此这"不起意"实际上也是"意"。他说"心本活物"，意念往来动荡一刻不息，原只是太虚本体（"天机"）的自然流行。学者若欲强行屏念息虑，反倒是又添了思虑（也就是前面所说的"自私用智"）。如能一应本体自然流行，念来即应，念去无住，又何来"有意"，何来"无意"呢？

认识到唐顺之的"无欲"在于"无所执"，"去欲"即是要"破执"之后，不妨回过头来再看一下唐顺之曾经发表过的对于技艺、学问等各种经世之学的认识。他在《答俞教谕》中说：

> 至于道德性命技艺之辨，古人虽以六德六艺分

言，然德非虚器，其切实应用处即谓之艺。艺非粗迹，其精义致用处即谓之德。故古人终日从事于六艺之间，非特以实用之不可缺而姑从事云耳。盖即此而鼓舞凝聚其精神，坚忍操练其筋骨，沉潜缜密其心思，以类万物而通神明。故曰"洒扫应对，精义入神只是一理"。艺之精处即是心精，艺之粗处即是心粗，非二致也。但古人求艺以为聚精会神极深研几之实，而今人于艺则以为溺心玩物争能好胜之。具此则古与今之不同，而非所以为艺与德之辨也。

唐顺之在这里分析了"德"与"艺"之间的关系，认为德、艺虽分而言之，却同归一理。德之切实应用处即是艺，艺之精义致用处即是德。任何一项技艺若从事得精，其从事于道德修养也必能精，所谓"艺之精处即是心精，艺之粗处即是心粗"。所以技艺与德是统一的，不可分为两事。今人沉溺于技艺、玩物争胜固然是析技艺于德为两事，儒者一味摈斥技艺专务道德也是裂技艺与德为两事。所以善学者并不以德废艺，反倒能以艺进德，正如古人终日从事于六艺也只是助其进道而已。前面说过，唐顺之第二次致仕归田后曾一度博习各种经世之学，《答俞教谕》应该就是作于当时，后来因其主静收心，又将各般学问、技艺统统放下专主修道，因此他的文章中关于技艺与德（也就是"道"）之间关系的认识一度显得十分矛盾。在唐顺之的心学思想成熟之后，再看这封答书，其中将技艺与德合为一事的观点自然又得到了延续。其实，技艺的从事作为吾心之发用，与心体（"天机"）原是不可分割的，遗弃技艺专求道德便是割裂了体用。在《答俞教谕》中唐顺之还说："儒者务高之论莫不以为绝去艺事而别求之道德性命，此则艺无精义而道无实用，将有如佛、老以道德性命为上一截，色声度数为下一截者矣。"儒者若执于道德绝去技艺，便如佛、老一般只讲本体而不讲用，从而流于空疏之学。因此技艺本身并不是进道之障，反倒是学者绝去技艺、专务道德的执着应该破除。由此可见，唐顺之对于各种学问、技艺的态度和看法虽有波动，总体而言却是十分重视并充分肯定了这些经世之学的地位和价值。这既是由嘉靖朝的内忧外患所使然，也与其一生学术归于体用一源、讲求自然无执密不可分。

上面谈到唐顺之在破除学者绝去技艺的执着时就已提到儒与佛、老的区别，在《中庸辑略序》中他又进一步辨明了儒、佛二家的学问旨趣。

> 儒者于喜怒哀乐之发，未尝不欲其顺而达之。其顺而达之也，至于天地万物皆吾喜怒哀乐之所融贯，而后一原无间者可识也。佛者于喜怒哀乐之发，未尝不欲其逆而销之。其逆而销之也，至于天地万物泊然无一喜怒哀乐之交，而后一原无间者可识也。其机常主于逆，故其所谓旋闻反见与其不住声色香触，乃在于闻见声色香触之外。其机常主于顺，故其所谓不睹不闻与其无声无臭者，乃即在于睹闻声臭之中。是以虽其求之于内者穷深极微，几与吾圣人不异，而其天机之顺与逆有必不可得而强同者。

唐顺之认为，儒、佛二家虽都重在向内用功，也同样以物我一体为目标，但二家学说却有着本质的区别，关键在于是否顺"天机"而行。从工夫上说，儒家为学重在现实生活中锻炼进德，孝悌慈和正是为学工夫，故于人情喜怒哀乐乃顺而达之，即"顺天机"。佛家为学则讲求静修，弃绝人伦、摒除百事，故于人情喜怒哀乐乃逆而销之，即"逆天机"。儒者顺天机，故此心浑然与物同体，天地万物皆吾喜怒哀乐之所融贯；佛者逆天机，故天地万物与吾无一喜怒哀乐之交，同归于"空"。唐顺之认为佛家求空求寂，既有悖于天机自然，究其根乃是为了个体超离出生死苦海，实际是为了一己之私，故其所至乃是一冰冷冷、与世事毫无干涉的枯寂之境。而唐顺之作为一个坚定的儒家学说信仰者，特别是在其"天机自然"的心学思想成熟之后，他所向往和追求的乃是一活泼泼的天机自然之境，是超越了小我之私的万物一体之境。这既是他一生学术的归依，也是他晚年所追求的人生境界。

前面在介绍唐顺之的生平时，曾经提到他晚年甘冒身败名裂之险，毅然应奸相严嵩之召出山。这固然出于其从未冷却的用世之心，其实也是他"天机自然"的心学思想所使然。唐顺之晚年应召出山正值大明东南沿海倭患甚巨，倭寇自福建、浙江沿海一路向内陆深入，唐顺之所居的江南一带不久也遭此乱。当此危局，朝廷没有征召之前，一贯急于用世的唐顺之便已亲赴江浙考察夷情，与诸将领探讨御倭之策，只恨不能亲上战场与倭寇一战。获召之后，唐顺之也一度因为此召出于严嵩举荐而两度以丁父忧婉拒，但他最终以大局为重，不计毁誉，毅然应召。在此后的短暂岁月中，无论是巡行北方边防，还是南下协同诸将领御倭，唐顺之无时无刻不以天下事、百姓事为重，以致积劳成疾，最终卒于赴凤阳巡抚任的赈灾途中，可谓鞠躬尽瘁、死而后已。即便如此，唐顺之此次出山在其生前身

113

后依然受到了学者的诟病，甚至他的不少好友、故交也为其晚出一事而惋惜、感慨不已。唐顺之的同年、"嘉靖八才子"之一的李开先就曾规劝他："此一起官，颇纷物议，出非其时，托非其人，若能了得一两事，急急归山，心迹庶可稍白于天下。不然，将举平日所守而尽丧之矣。"李开先此说颇能代表时议，认为唐顺之出非其时，托非其人，会把自己的一生名声断送。

事实上，当时与唐顺之一同获召的尚有其好友罗洪先，据《明史》本传记载，唐顺之为此还力邀罗洪先共商出处一事。罗洪先对于唐顺之的应召之意报以肯定的态度，并鼓励他道："向已隶名仕籍，此身非我有，安得俜处士?"尽管如此，罗洪先自己却并未应召出山，而是继续致力于学。罗洪先力主唐顺之出山，自己却坚拒不出，看起来十分矛盾，为此还遭到了唐顺之友人的非议。其实，唐顺之、罗洪先二人关于出处选择的不同，与其学术分歧实相关。罗洪先学主归寂，注重静中涵养心体，由体以达用，因此出山为官正与其主静工夫相妨。唐顺之的心学思想则贵在自然，讲求体用一源、本体与工夫不二，因此出山为官既可见天机之用，又是为学工夫。学者只须信得吾心，一任自然，在应接色色人等事物中恰好用功。因此，在唐顺之那里出山与在山无二，行军打仗处处皆可致学；而罗洪先则于获召之后的第二年（嘉靖三十八年）冬天再次静坐石莲洞，直至半年后唐顺之讣至，哭始下榻。

至于唐顺之的另一位好友王畿对于其应召出山也并非没有微词。他在《送唐荆川赴召用韵》中写道："与君卅载卧云林，忽报征书思不禁。学道固应来众笑，出山终是负初心。青春照眼行偏好，黄鸟求朋意独深。默默囊琴且归去，古来流水几知音?"王畿认为唐顺之此出有负初心，并不赞同。唐顺之去世后，他又多次与人谈及此事，在给名将俞大猷的信中他说："荆川兄忧世一念可贯金石，原无一毫依附之情，但自信太过。运谋出虑，若可与先师并驾而驰，欲以转世，不幸反为世转，致增多口……"他也曾对另外的人论及此道："荆川气魄担当大，救世心切，以身徇世，犯手做去，毁誉成败一切置之度外，此岂世之谤谤者能窥其际耶？不肖与荆川有千古心期，使天不夺之速，不论在山出山，尚有无穷事业可做，而今已矣，惜哉!"可以看出，王畿对于唐顺之心底里一贯的忧世之念十分了解，并从唐顺之以身徇世、勇于担当且不计毁誉的气魄中看到了其师王阳明的作风。只是唐顺之学力未至，所以不仅未能如阳明先生一般建立起卓著的功勋，还遭受众人的非议猜忌，这也是王畿不赞同其出山的主要原因。

王畿说唐顺之学力未至而强出头，是自信太过，此论未必公允。实际上，唐顺之晚出将毁誉成败一切抛开，信心而为、犯手做去，固然深得心学自信本心之精髓，却也只是天机自然。若唐顺之一贯有用世意，当此危乱用人之际而坚拒不出，反涉安排。此外，唐顺之并未株守俗见固守名节，因其所学已超越于一己得失毁誉，他所向往的天机自然是超越了小我之私的万物一体之境，所以其所为已非中道而行的一般儒者，而是超越于流俗之上的豪杰。唐顺之说："且夫豪杰之士出头干事、矫众特立则易以招尤，惟闭关括囊则可以无咎誉。然君子不辞自立于多凶多惧之地者，将以自验也。"豪杰之士既以天下事为己事，勇于出头，就不免人言毁誉。但豪杰者不仅不以流俗毁誉为意，还能据此以为进德之资，这便是他所说的"是物议之兴，其为吾进德之助多矣"。学者如识得此意，自不必继续执着于唐顺之晚出之得失成败。

后人赞誉唐顺之，称其学问、事功之成就可继王阳明。至有论者以其御倭之难甚于王阳明平定内乱，认为其事功不逊于阳明先生。其实，唐顺之一生不论为学还是做人都受到阳明先生影响甚巨，左东岭先生在其《王学与中晚明士人心态》一书中这样说道："唐顺之既不是王阳明的及门弟子，也不是其再传弟子，他可以说是一位真正从自我的人生需要出发而接受王学的士人。"正如我们所看到的那样，唐顺之由习文而入道，由会同朱王而最终悟解心学，建立了自己"以天机为宗，以无欲为工夫"、贵在自然的学说。我们也看到了他由自负气节的狷介之士转变为含蓄沉潜的中行之士，而又终归于笃于自信、勇于任事的豪杰之士。因此，唐顺之的一生便是与阳明心学交织在一起的一生，是以黄宗羲在《明儒学案》中将其列入南中王门，他是后人在研究阳明心学的过程中不可绕开的一位重要人物。

第 6 章

文学思想

就文学而言，唐顺之不仅是明代历史上著名的文章大家，也是一位重要的文学理论建设者。而纵观其一生学文、论文，共经历了三个阶段，发生了两次重要的转变。其中，三十岁时他由专意时文转而学唐宋古文，四十岁时他又提出了"本色"说，彻底走出了明前期以来文学复古理论的囹圄，开启了明中后期高倡独抒性灵、本色师心的文学新风。

一、"文道合一"的古文理论

嘉靖十五年，在王慎中的影响下，唐顺之的文学观念发生了第一次重要的转变，由之前追随"前七子"崇尚秦汉之文转而崇尚唐宋古文。他与王慎中，还有稍晚的茅坤、归有光等人反对前七子"文必秦汉"的复古主张，倡导学习唐宋散文（主要是八大家之文），因而被后人称作"唐宋派"，亦作"八大家派"。唐顺之虽然不是标举唐宋古文的首倡者，却是唐宋派中最重要的理论建设者。他提出了"文道合一"的古文理论，注重文章的内容之"意"与形式之"法"的平衡，为唐宋派在嘉靖初年突破"前七子"胶执于形式上模古的风气奠定了坚实的理论基础。

载道之文

"文道合一"是唐顺之那一阶段的论文主旨，具有浓厚的"载道"意识。他在《答廖东雩提学》中说："文与道非二也，更愿兄完养神明以深其本原，浸涵六经之言以博其旨趣，而后发之，则兄之文益加胜矣！"这种"文道合一"的论调实际来自他所推崇的唐宋八大家。韩愈说过"盖学所以为道，文所以为理耳"。柳宗元亦云"文者以明道"。欧阳修也说"大抵道胜者文不难而自至也"。他们所说的"道"和"理"是自尧、舜、禹、汤、文、武、周公、孔子、孟子以来一脉相传的儒家之道。唐、宋古文家们之所以提出"文以明道"（或"文以载道"）、"文道合一"之说，原本是为了纠正唐初骈文以及北宋初年"西昆体"讲求声律骈俪、堆砌文辞的形式主义倾向。因此他们论文的载道一说十分重视文章内容的宗经明道，并倡导质朴自然的文风。唐宋派中王慎中、茅坤也继承了唐、宋古文家们"文道合一"的思想主张。王慎中在《曾南丰文粹序》中提出文章要"本于学术而足以发挥乎道德"，反对作文"徒取于外"以取悦世人耳目。茅坤则在其所编选的《八大家文钞》总序中指出"文特以道相盛衰"，他由此以六经为本，依照儒家的"道统"建立了唐宋派的"文统"说，即以唐宋八大家的载道之文为继孔子、司马迁、刘向、班固以来的文学正统。此外，唐宋派论文的载道意识还集中体现在他们对于曾巩文章的极力推崇上，王慎中说曾文"会通于圣人之旨"而"思出于道德"，尤爱其《筠州学记》《宜黄县县学记》二文，誉之为"千古绝笔"。唐顺之也认为"三代以下之文，未有如南丰（曾巩）"。其实，在八大家中曾巩文章的艺术表现力最为逊色，道学气息也最浓，相对于韩愈、柳宗元、欧阳修、苏轼的文章来说甚少得到关注。王、唐二人之所以一反常规，将其抬到如此高度，便在于曾文"文辞义理并胜"而尤长于说理，因此最为符合、也最能体现他们所提倡的"载道"的文学思想。

在唐顺之以及唐宋派其他成员看来，"载道"之文固然是文学正统，但是他们论文的"载道"思想其实是直接针对"前七子"流于形式主义的复古论而提出的。所谓"前七子"，指的是弘治年间同登进士第的七位才子，即李梦阳、何景明、徐祯卿、边贡、康海、王九思、王廷相。"前七子"以李梦阳、何景明为首，他们不满于永乐以来文坛上一直流行的台阁体文风，故相继而起，共同掀起了一股势力强劲的复古浪潮。"前七子"活动的鼎盛期虽然只在弘治、正德两朝的二十几年间，但是由他们所首倡的这股文学复古浪潮影响十分深远，嘉靖中期以李攀龙、王世贞为首的"后七子"，以及明末以陈子龙、张溥为代表的复社、几社文人，先后接过"前七子"的复古大旗为之张扬。因此，虽然自唐宋派开始文坛上间或有与之相抗衡的革新派出现，但这股十分顽强的复古风潮可谓一直笼罩在明代中后期的诗文创作和理论批评之上。

"前七子"主盟文坛之前，明代文坛上流行了近一百年的"台阁体"是由号称"三杨"的杨士奇、杨荣、杨溥所领导的一股追求"雍容典雅"的诗文潮流。"三杨"皆历仕永乐、洪熙、宣德、正统四朝，政声颇著。由于他们馆阁重臣的身份，故其所作多为君臣、同僚之间的应酬、唱和，内容以歌功颂德、粉饰太平为主，艺术上则追求典则正大、雍容典雅。台阁体诗文虽然一度风靡于明初，但由于主题、体制所限，其作易流于空疏，不切实际，所谓"雍容典雅"也流于文辞上的浮靡萎弱、啴缓冗沓，更糟糕的是台阁体千篇一律，不见性情。如果说，"三杨"透露着"太平宰相之风度"的台阁体之作与明初国势日益强大、经济渐趋繁荣的景象尚且合拍，那么正统、成化以来宦官专权、政治腐败，国家危机四伏，继续坚持歌功颂德、雍容典雅的台阁体就显得不那么合乎时宜了。因此，弘治年间李梦阳、何景明等七子力诋当时台阁文风之弊，倡言文必秦汉，诗必盛唐，通过学习古人诗文之法以写我之真情。值得注意的是"前七子"提倡复古的目的在于求真，他们要求诗文创作贴近现实，抒发真情实感，这正是汉文唐诗的优良传统，对于纠正台阁体末流肤廓空疏、不关痛痒的官样诗文有着十分积极的意义。

《明史·文苑传》的序言中就提到李、何复古论一出，天下"操觚谈艺之士翕然宗之。明之诗文，于斯一变"。秦汉文章、盛唐诗歌的确是中国文学史上的两座高峰，"前七子"学习它们的初衷和目标也都是美好的。问题在于其取法虽高，着手却低，七子的诗文创作虽不乏佳篇，但由于盲目尊古，且过于注重形式上的模仿，所以其作品中更多的是因袭文字、遗神取貌之作。尤其是文章方面，他们标榜秦汉的雄浑、高古之格调，最后却学了一手艰深险怪、佶屈聱牙的文字。"前七子"

鄙弃台阁体不见性情，脱离现实，而他们刻意古范的模古之作终究却还是流于句模字拟、虚矫肤廓。以七子之才华尚且如此，其下者更是钻了复古论的漏洞，"以剿袭为复古，句比字拟"，只知冒古人语言之形迹，甚至于装腔作态——"前七子"的复古论至此，其流弊之害不可谓不大！正是在这种情形下，唐宋派诸子独标唐宋八大家之古文，在一片"文必秦汉"的复古声中登上了文坛。

唐宋派中，唐顺之与王慎中同列"嘉靖八才子"，早有文名。他们论文原本也都追随"前七子"复古主张，好友李开先（"嘉靖八才子"之一）称唐顺之"素爱崆峒诗文，篇篇成诵，且一一仿效之"，王慎中亦"曩惟好古，汉以下著作无取焉"。嘉靖十五年前后，王、唐二人之所以相继转学唐宋古文，固然直接缘于其学道之需，根底上也是因为"前七子"流于形式上模古的弊病渐趋明显。而唐宋八大家之文讲求文道合一，这种"载道"的文学思想显示出对于文章内容的强烈关注，因此王、唐学习和提倡唐宋古文，正是出于对"前七子"复古论流于形式的一种反动。唐顺之说："自古文人虽其立脚浅浅，然各自有一段精光不可磨灭。开口道得几句千古说不出的话，是以能与世长久……"他认为文章的价值首先在于其内容立意是否深刻、独特，而不在语言文字形式本身，所谓好文字"亦正在胸中流出，有见者自与人别"。他叮嘱友人作文先须"完养神明以深其本原，浸涵六经之言以博其旨趣"，就是为了能够在文章中"道得几句千古说不出的话"，在立意上求胜。可见，相对于"前七子"学古对于辞采、格调等形式要素的注重，唐顺之所代表的唐宋派更加重视文章的内容立意。

此外，唐顺之"载道"的文学思想也是对"前七子"理论重"情"轻"理"的反动。"前七子"复古论的关键在于求"真"，所谓"真"指的是"情"真。李梦阳说："天下无不根之萌，君子无不根之情。忧乐潜之中而后感触应之外，故遇者因乎情，诗者形乎遇。"这是说诗缘于情，以情为诗之根。他又在《诗集自序》中说："夫诗者，天地自然之音也。今途咢而巷讴，劳呻而康吟，一唱而群和者，其真也，斯之谓风也。孔子曰：'礼失而求之野。'今真诗乃在民间，而文人学士，顾往往为韵言，谓之诗。"李梦阳认为当时的文人之诗"出于情寡而工于词多"，徒具形式；民间所传唱的民歌则充满着人们在现实生活中的真情实感，这才是"真诗"所在。七子中的苏州才子徐祯卿认为"夫情能动物，故诗足以感人"，他说"情者，心之精也。情无定位，触感而兴。既动于中，必形于声"，所以"因情以发气，因气以成声，因声而绘词，因词而定韵，此诗之源也"。可见，人的心中之情既是诗之本源，也是诗歌得以打动人心的根本所在。通过李梦阳、徐祯卿等人诗论中对于真情的标举，"前七子"复古运动建立了以"情"为核心的诗歌理论体系，这既是针对台阁体"雍容典雅"之下难以掩饰的情感的惨白和匮乏而言，也是针对宋代以来理学对于诗歌抒情本质的束缚而言的。

宋人作诗好议论说理，苏轼、黄庭坚就是最好的代表。其中，理学家作诗更是喜欢以诗歌来高谈性理，高明者或能在诗歌中兼顾情理，大多数却只是以诗歌作为说理明道的工具，这方面朱熹和邵雍则是最佳代表。明代理学兴盛，成化年间两位著名的理学家陈献章与庄昶颇好作诗，其所作多效仿邵雍的

《伊川击壤集》，以阐明性理为宗旨，被人们称作"陈、庄体"。尤其是庄昶，好以道学语入诗，如"何处乾坤妙，天机自洒然"，"山教太极圈中阔，天放先生帽子高"，还有"溪边鸟讶天机语，担上梅挑太极行"等，诗歌中随处可见"太极""乾坤""天机"等道学字眼——就是这样淡乎寡味甚至词俚语鄙之作，竟也受到不少人的追捧。"前七子"则对理学诗以"理"（或"道"）取代诗歌的情感本质深为不满，李梦阳说："夫诗比兴错杂，假物以神变者也。难言不测之妙，感触突发，流动情思，故其气柔厚，其声悠扬，其言切而不迫。故歌之心畅而闻之者动也。宋人主理作理语，于是薄风云月露，一切铲去不为。又作诗话教人，人不复知诗矣。诗何尝无理，若专作理语，何不作文而诗为邪？"

李梦阳认为诗歌并非不可以说理，只是不应当以说理为主。诗之正道在于以具体、生动的艺术形象去表现作者难言不测的情思，而理学诗却剥离形象，直陈理语，这就难怪理学诗无法感动人心、泄导人情了。面对成化年间"陈、庄体"理学诗渐趋泛滥的形势，李梦阳等"前七子"建立了以"情"为核心的诗歌理论体系，强调诗歌的情感本质和特征，正是对理学诗重"理"贬"情"的反拨。他们的复古论提倡学习以情韵、气象取胜的盛唐诗，不取以议论、说理见长的宋诗，甚至于李梦阳、何景明对于言辞泼辣大胆、写男女之情的民歌的推崇，都反映出七子在诗歌中所倡之真"情"乃是与理学家固守之"理"相对立的。

不仅是诗歌，文章方面对于宋以来流行的载道之文，"前七子"领袖李梦阳也进行了严厉的批判。他说："宋儒兴而古之文废矣，非宋儒废之也，文者自废之也。古之文，文其人，如其人便了，如画焉，似而已矣。是故贤者不讳过，愚者不窃美。而今之文，文其人，无美恶，皆欲合道传志，其甚矣！是故考实则无人，抽华则无文。"李梦阳说宋代理学兴起之后，文章之作开始讲求合道传志，而所合之"道"、所传之"志"乃儒家之道、圣人之志，所以文章多为文过饰非，流于伪善之作，不像古人之文，乃为真人所作，写的都是真情真性，不假伪饰。可见，在李梦阳那里文章与诗歌一样，都贵在求真，要写出真实人生的真实感受。宋儒以"道"来规范、要求文章的创作，只会将文学引入虚伪作假的歧途。所以，在"前七子"的复古论中，他们提倡学习秦、汉古文，对于载道的唐、宋文是十分排斥的。

至此，可以看出"前七子"通过复古在诗文创作和批评中建立了以"真情"为核心的文学观念，他们所高扬的"真情"是与儒家之"理"（或"道"）相对立的，是对宋以来诗文创作受理学冲击而重"理"轻"情"的反拨。从这个角度说，"前七子"掀起的这股复古之风对于消解宋以来理学对文学的束缚，重建文学以"情"为核心的审美本质是有着积极意义的。这一点主要体现在诗歌上面，无论是"诗言志"还是"诗缘情"，古人早已对诗歌的抒情本质达成共识。盛唐诗作为中国古典诗歌艺术的顶峰，极重要的一点就在于其中情与理的完美交融，而尤以诗句背后洋溢着的丰富、真挚的情感最令读者印象深刻。宋诗以议论说理见长，给古典诗歌的创作开辟了一条不同于唐诗的路径，虽也有传唱不朽的佳篇，却终因理胜于情而不断遭受抨击。从宋代的张戒、严羽、刘克庄等人到金代的王若虚，理论家们明确指出并批判了宋诗对于诗歌抒情传统和本质的背离。至明代"前七子"，他们高倡盛唐诗歌以纠正宋以来直到明初依然流行的理学诗（包括缺乏真情的"台阁体"诗歌），依然抓住的是情感这个核心，可谓找到了问题的关键所在，因而复古论在诗歌领域取得了较好的效果，"前七子"的诗歌成就也是有目共睹的。

尽管如此，"前七子"重"情"抑"理"的文学观念在文章方面却并没有取得多少成绩，反而最为后人所诟病。这固然是由于七子创作和理论的脱节，更为重要的是他们对宋以来就已形成的"载道"的儒家文学传统发起了挑战。其实，和以抒情为主的诗歌不同，文章（主要指以散行单句为主的"散文"）由于其体式较少限制，历来更多承担了叙事、议论、说理等实用性功能。"前七子"所推崇的秦汉古文（包括先秦）或记述历史、或发表政论、或阐述思想学说，皆具有突出的实用性。魏晋南北朝以来骈文兴起，形式上讲求对偶平仄、专尚藻饰用典，内容上则以抒情为主，不重说理和叙事。唐宋以来，以"八大家"为代表的古文家们反对华而不实、不切实用的骈文，提倡写作古文，先秦两汉散文的自由、实用的精神才又得到了延续。更为重要的是，古文家提倡写古文是为了复兴儒学，讲求文道合一，这就使得文章的"载道"功能前所未有地突显出来，这实际是对先秦以来儒家经典就具有的推行教化、服务政治的实用性的强调。从此以后，"载道"就成了文章写作的一个重要传统，无论追随与否，都无法否认文学与儒家之"道"已经结下了紧密的联系。明初作为"开国文臣之首"的宋濂以承继儒道自命，为文力主明道宗经。他提倡从学习唐宋古文入手，进而上溯秦汉文，以至于六经之妙，这是明代最早的师古论。宋濂的学生方孝孺继承了其师宗经师古的文学思想并将其发扬光大，他还选取了汉以来至宋代"文之关乎道德政教者"编为《文统》一书，作为"六经之羽翼"。之后，"台阁体"开始盛行，"三杨"在文风上追求"雍容平易""冲淡和平"，文法上仍然是以理为本，近宗欧阳修，远溯六经。可见，七子之前明初文章的创作中已有一股不断沿袭的师古之风，而师古乃是以宗经明道为本，注重的是文章对于儒家道德思想的承载和宣扬。七子"文必秦汉"也是师古，但是受其以"情"为核心的诗学理论影响，李梦阳等论文也以情为主，反对载道之文。所以"前七子"师古并非师法古道，而是要追求秦汉古文的雄浑之气、高古之调，这就将中唐、北宋以来一直延续到明初的载道宗经的文章传统打断了。直到嘉靖年间，唐顺之、王慎中等复倡"文道合一"的唐宋古文，才将"前七子"那里一度中断的文章传统接续了起来。

应该说，"前七子"重"情"抑"理"的文学主张是对明初文学不断受到理学思想冲击、渗透的一种反动，对于重新建立文学的审美原则有着积极的意义。因此"前七子"所在的弘治朝文学风行，读书人多以李梦阳、何景明为领袖，此时文学的审美主义也正与弘治朝的国运兴隆、政治稳定相一致。然而这幅"上下无事，文治蔚兴"（顾璘《关西纪行诗序》）的太平景象并不长久，其后的正德朝武宗耽于淫乐，疏于政事，以刘瑾为首的宦官们长期把持着朝政，对朝中直言敢谏的正直之士多加迫害。自此道德沦丧，风俗败坏。到了嘉靖朝，世宗皇帝前期尚有一些作为，诛杀宦官，节用宽民。但后期荒淫无度，政治腐败，南倭北虏，再加上多次爆发的农民起义，使国家深陷于内外交困之中。可见，在短暂的弘治中兴之后，大明朝的国势日益衰颓，政治和道德环境急剧恶化。面对这一形势，公卿大夫、文人士子们纷纷耻言文事，转而敦尚治功、究心世务。"前七子"所要复兴的审美主义的文学理想显然已不适合新的时代形势，它必然会被实用的、道德的文学所取代。唐顺之等唐宋派成员这个时候从文章下手，将文学引回到载道的实用主义上面，正是顺应了时代变化之需，这就难怪他们以唐宋古文为典范的"载道"文论一出，就得到了时人响应，并迅速取代了"前七子"主"情"的审美主义文论。

此外，有必要再次强调的是唐顺之、王慎中之所以转学"载道"的唐宋古文，乃是直接缘于学道所需。嘉靖十一年后，唐顺之、王慎中由于受到王畿、罗洪先等心学人士的影响，开始致力于学道。他们一边参与心学讲会，一边钻研儒家经典，在大量的阅读中发现了以前从未放在眼里的宋儒之文的好处。宋儒之文以道为本，内容充实，擅长以平实质朴的文字将义理解析明白；相比起来，"前七子"欲学秦汉文章的高古格调、雄浑气势，却只学到一手险怪的古人文字。表面看，这是"前七子"复古流于形式，进一步看却是七子学古强调文章的审美功能，用"情"消解了宋以来直至明初"道"在文学中的核心位置，由此对文道（形式与内容）关系做了新的调整。因此，唐、王学道之前以文学家之眼光尚能追随"前七子"重"情"的审美主义文论，学道之后从道学的角度来看就不再能容忍审美主义对于文道关系的这番颠覆了。实际上，自正德始一度为文学所遮蔽的理学开始复兴，中期王阳明心学的兴起又进一步推动了士人们致力问学的热情。以"前七子"为核心的复古派在这股洪流的冲击下于后期也发生了明显的分化，除了李梦阳、边贡、王九思仍致力于尚"情"的文学，其余众人先后皆出现了不同程度向理学转变的倾向。其中，七子中最以文章著名的康海原本论文就不废唐、宋，后期更是注重文章的载道功能，论文尚"实"尚"用"，但是并未完全转入理学而以道废文。此外，徐祯卿、郑善夫、何景明、王廷相、薛蕙、顾璘等人后来则深受理学影响，在正德、嘉靖年间相继由文入道，对于以前沉溺文辞以文学自矜而深感懊悔、自责，从此为文大抵以实用为主，以"理""道"为本，甚至不同程度地显示出以道废文的倾向。因此，唐顺之、王慎中实际是承继了正德以来理学复兴对于文道关系的重新调整，他们在嘉靖初年高倡文道合一的唐宋古文，将文学（特别是文章）由重"情"的审美主义重新拉回到"载道"的实用传统上来。

总之，"前七子"复古的文学主张乃是以"情"为本，是对于古典审美理想的回归，这对于诗歌的理论和创作来说可谓抓住了重点，因而取得了良好的效果。但是，在文章领域，七子则是以此挑战了宋以来就已建立起的"载道"传统。这一传统直到明初依然牢固而强大，七子挑战的勇气和决心可嘉，但难度却是明显的。此外，七子"文必秦汉"的复古主张在创作上却是字模句拟，流于形式，既乏真情，更无真理。其后，以唐顺之为主将的唐宋派倡导唐宋古文却是以道为本，注重内容，所以同为复古却不会落于形式上的剽窃模拟，这是他们复古的高明所在。实际上，唐宋派论文重"质"、重"理"（重内容、重"道"），纠正了"前七子"论文的重"文"（重形式）、重"情"之偏，这在根底上是通过提倡"载道"的古文传统来实现的。而他们对于古文"载道"这一实用传统的提倡，也正顺应了正德、嘉靖以来国家政治、道德环境的变化，是理学复兴取代文学的体现。因此，唐宋派"文道合一"的古文论在嘉靖初年取代"前七子"审美主义的复古论是必然的。

文必有法

唐顺之由学秦汉文转入以唐宋文为宗，其为文的旨趣在于以"道"（儒家之道）为核心。尽管如此，他此时并没有走上道学家"以道废文"的路子，而是强调文、道并重——"道"作为内容须借由"文"这种形式来彰显，这是他"文道合一"的古文理论的另一个重要方面。而唐顺之对于"文"（或者说"形式"）的重视，就着重体现在他对于文章之"法"的追求上。

唐顺之所追求的文章之"法"是所谓的"开阖首尾、经纬错综之法"，也就是文章谋篇布局的组织、结构之法，这是他在广泛阅读唐宋古文（特别是八大家之文）的过程中逐步体悟到的。至于这"开阖首尾、经纬错综之法"究竟是何种组织、结构文章的方法，唐顺之没有立文细说，但从他晚年所编选的《文编》中可以窥其大概。《文编》成书于嘉靖三十五年，是一部辑录由周至宋之文、按照体裁排纂的文章总集，共计有三十三体、六十四卷。其中，以唐宋文为主，特别是韩愈、柳宗元、欧阳修、曾巩、王安石、三苏，此八家所选之文就占到了全编的三分之二。《四库全书总目提要》论此书道："故是编所录虽皆习诵之文，而标举脉络、批导窍会，使后人得以窥见开阖顺逆、经纬错综之妙，而神明变化以蕲至于古。学秦汉者，当于唐宋求门径。学唐宋者，固当以此编为门径矣。"唐顺之自己也在《文编序》中说"是编者，文之工匠而法之至也"，可见《文编》通过对以八大家为主的前人文章的编选、评议，给学者指示了学习文章的组织、结构之法的门径。吴金娥女士在其所著的《唐荆川先生研究》中曾提到，日本的川西潜和片山勤以《文编》为底本，从中又选辑出一百四十九篇文章，并根据唐顺之论文的评语总结出七十种文格，合为《唐宋八大家文格纂评》一书。他们总结出的"文格"主要有"立说、假说、间说、叙事、引事……抑扬、开阖、累棋、贯珠、尚奇……小题作大题、一意反复、立柱分应、借客形主、先说一遍复说一遍、数段辨去"等七十种文格。从所举文格的标目中，读者可以推断出唐顺之所追求、重视的文法确实侧重于文章的谋篇布局。总体来看，所谓"开阖首尾、经纬错综之法"讲求说理和叙事的虚实结合（"开阖"），讲求首尾的埋伏呼应，讲求文章叙述的顺逆转折，还讲求文章脉络分明、层次丰富（"经纬错综"）。具体看，便是唐顺之在《文编》中通过选文所昭示的各种构建、组织文章的方法，也就是《唐宋八大家文格纂评》总结出来的七十种文格。

由上所述，唐顺之所说的文法重在谋篇布局，却并没有一定之规，非此不可。实际上，唐顺之所提倡的法是一"活法"，而非"死法"。这是由于"法"出自"神明之变化"，他在《文编序》中这样说道："圣人以神明而达之于文，文士研精于文以窥神明之奥。其窥之也，有偏有全，有小有大，有驳有醇，而皆有得也，而神明未尝不在焉。所谓法者，神明之变化也。"唐顺之认为"法"是附着于"神明",为"神明"服务的。这里的"神明"就是文章的思想内涵,它本自儒家的圣人之道。而"法"作为形式上的"法",正是服务于文章的思想内涵的。进一步看,作为"神明之变化"的"法",其核心就在于文章的行文布局能够合乎思想内涵发展的自然变化,从而做到形式与内容的完美统一。因此,行文布局之"法"不是千篇一律的"死法",而是随着文章主旨("神明")的变化而不断变化的"活法"。所以《文编》固然从前人那里总结出许多谋篇布局之法,今人作文却不能以此生搬硬套,而是要从中悟出文章形式与内容天然合一的奥秘所在,最终找到贴合自己的文章主旨变化的形式所在。

唐顺之论文所讲求的谋篇布局之法出乎自然,贵在求新求变。这"法"虽出自唐、宋文,得自韩、柳、欧、曾等八大家尤多,却并不局限在唐宋文中。唐顺之说"然法不能无文,而文不能无法",文之必有法就如人们"断木为棋,梡革为鞠,莫不有法",制作任何器物、从事任何事情都有一定方法、规律可循,文章之作也是如此。因此,不仅唐宋古文有所谓组织、结构之法,唐宋以前的秦汉文也一样有"法",这是唐顺之提出"文必有法"的重心所在。他说:

> 汉以前之文,未尝无法而未尝有法。法寓于无法
> 之中,故其为法也密而不可窥。唐与近代之文不能无
> 法,而能毫厘不失乎法以有法为法,故其为法也严而
> 不可犯。密则疑于无所谓法,严则疑于有法而可窥,
> 然而文之必有法,出乎自然而不可易者则不容异也。

唐顺之说秦汉文之"法"寓于"无法"之中,是一种

"无法之法"。因此，相比起唐宋文的法度严明、有迹可循（所谓"严而不可犯"），秦汉文更显得天工神化，无"法"可求。当然，并不是秦汉文果真无"法"，而是这"法"无迹可求，"密而不可窥"。那么，为什么说唐宋文之法有迹可循，而秦汉文之法却是无迹可求呢？对此，郭绍虞先生曾作过专门论述，他说："由中国的语文法言，至唐宋以后而助词之作用特别突出，所以丰神摇曳，能够曲折帮助语言的神态。又至唐宋以后，而连词之作用也特别突出，所以开阖顺逆，抑扬顿挫诸种变化，也都可在文章中表现，这即是所谓'严则疑于有法而可窥'。周秦之文，减少了助词连词，则此种关系就不很明显，所以说'密而不可窥'。然于诵读之际，默加体会，也就觉得于音节歇宣之间，未尝不有自然之节，与后世之文初无二致，所以成为'法寓于无法之中'，所以成为'出乎自然而不可易'。"

这里，郭绍虞先生从汉语词汇以及语法的发展变化角度出发，找到了文法发展、变化的缘由所在，可谓一语中的。总体看来，无论是"严而不可犯"的唐宋文之法，还是"密而不可窥"的秦汉文之法，都是指文章的行文布局之法——其关键都在于要让文章的开阖顺逆、抑扬顿挫莫不贴合于其主旨的自然发展变化，使文章实现"意"与"法"的平衡，内容与形式的完美统一。这就是唐顺之所说的"文之必有法，出乎自然而不可易者则不容异也"。

唐顺之不仅窥见了秦汉文的"无法之法"，他还认为不露痕迹的秦汉文法是更高一层境界的文法，这是相对于严明可见的唐宋文法而说的。为了说明这个问题，他用音乐作过一个十分生动的譬喻。他说：

> 喉中以转气，管中以转声。气有湮而复畅，声有歇而复宣。阖之以助开，尾之以引首，此皆发于天机之自然，而凡为乐者，其不能然也。最善为乐者则不然，其妙常在于喉管之交，而其用常潜乎声气之表。气转于气之未湮，是以湮畅百变而常若一气，声转于声之未歇，是以歇宣万殊而常若一声。使喉管声气融而为一，而莫可以窥，盖其机微矣。然而其声与气之必有所转，而所谓开阖首尾之节，凡为乐者莫不皆然者则不容异也。使不转气与声则何以为乐？使其转气与声而可以窥也，则乐何以为神？有贱工者，见夫善为乐者之若无所转，而以为果无所转也，于是直其气与声而出之，戛戛然一往而不复，是击腐木湿鼓之音也。言文者何以异此！

这里所说的"气有湮而复畅，声有歇而复宣。阖之以助开，尾之以引首"是指音乐吹奏的声气转换之法，此法有迹可循，故一般的吹奏者皆能掌握。至于最高明的吹奏者，则是"气转于气之未湮，是以湮畅百变而常若一气，声转于声之未歇，是以歇宣万殊而常若一声"，这种声气转换毫无痕迹，全似无法，却是达到了"使喉管声气融而为一，而莫可以窥"的最高境界。两相比较，同为声气转换之法，前者可见而后者不可见，唐顺之认为只有后者这不可窥之法，方能使音乐的演奏达到一神妙莫测的境界。这虽然是在说音乐，但"言文者何以异此"！唐宋文谋篇布局的法度严明可见，不难掌握，好似一般乐工皆能运用自如的声气转换之法。秦汉文之法则看似无法，难以把捉。然而正如"最善为乐者"的"莫可以窥"之法可以带来最为神妙的音乐，秦汉文的"无法之法"也能将文章的写作带到一神应神解、天工自然的最高境界。

应该说，唐顺之对于"密而不可窥"的秦汉文法是相当欣赏的，认为它比"严而不可犯"的唐宋文法更为高明。不过，秦汉文法固然高明，对于后人来说毕竟虚不可见，无从下手。相较而言，唐宋文法有迹可循，实实在在，容易上手。因此，唐顺之强调后人欲学秦汉文，必须从法度严明可见的唐宋文入手，方能有朝一日窥见秦汉文无法之法的高妙所在。他说："且夫不能有法，而何以议于无法？"这就给后人指出了一条由"有法"进至于"无法"、由实而虚的学文之道——这正是唐顺之文法理论的核心与精华所在。

实际上，这条学文之道来自唐顺之对于自己以前学习秦汉文的反思，是针对前七子"文必秦汉"的师古之弊提出来的。在"前七子"的复古理论中，关于文章写作他们以秦汉文为师法对象，认为西汉以后的作品皆不足观。至于如何师古，他们也讲求"文必有法式"。关于七子的师古之法，郭绍虞曾这样评说过："秦汉派之所谓'法'，重在气象；气象不可见，于是于词句求之，于字面求之；结果，求深而得浅，反落于剽窃模拟。""前七子"特别是他们的领袖李梦阳，其学习秦汉文原本也讲求神似，要继承古人文章的格调、气象，不袭古人文辞。但是由于其所师法的对象距离明朝已远，秦汉文古奥的语言文字阻隔了后人对其中所蕴含的格调、气象的把握，于是只有从字词句法上求形似，不免落于剽窃模拟。唐顺之则认为"前七子"根本没有认识到秦汉文法的精髓所在，他说：

> 有人焉见夫汉以前之文，疑于无法，而以为果无法也，于是率然而出之，决裂以为体，饾饤以为词，尽去自古以来开阖首尾、经纬错综之法，而别为一种臃肿偪涩浮荡之文。其气离而不属，其声离而不节，其意卑，其语涩，以为秦与汉之文如是也，岂不犹腐木湿鼓之音，而且诧曰："吾之乐合乎神！"呜呼！今之言秦与汉者纷纷是矣，知其果秦乎汉乎否也？

这里所说的"有人"就是指以李梦阳为首的"前七子"。唐顺之认为，秦汉文法的精髓并不是李梦阳等人所追求的雄浑之气象、高古之格调，而是讲求谋篇布局的"开阖首尾、经纬错综"之法。此"法"自古相传，既在秦汉文中，也在唐宋文中。只是秦汉文是"法寓于无法之中"，无迹可求；唐宋文却是法度严明，清晰可辨。而"前七子"学文师古只见秦汉文，不见唐宋文，这就割断了自秦汉以至唐宋一脉相承的文法传统，自然也就无法通过唐宋文的"有法"进而上溯秦汉文的"无法之法"。难怪他们对于秦汉文法的精髓视而不见，却别求所谓气象、格调，而最终落于"决裂为体""饾饤为词"——这就是郭绍虞先生所说的"求深而得浅"。

通过唐顺之的分析，可以看出"前七子"学文师古的问题主要在两个方面：一是师法对象局限于秦汉文，汉以后之作一切吐弃；二是所师之法并非秦汉文法的精髓。而唐顺之自转学唐宋文之后，从中吸取到所谓"开阖首尾、经纬错综"的谋篇布局之法。此"法"是"神明之变化"，讲求文章的开阖顺逆、抑扬顿挫与其主旨发展变化要自然贴合，这是一求新求变、合乎自然的"活法"。唐顺之又进一步强调唐宋文只是学习此"法"的入手处，学者要由唐宋文的"严而不可犯"之法，进窥秦汉文的"无法之法"，这样方能洞悉古人文章写作的最高境界。这样，唐顺之就用"法"把"前七子"那里被割裂开的秦汉文与唐宋文又串联了起来，给后人揭示出自古以来一脉相承的"开阖首尾、经纬错综"的文法传统——唐顺之认为这才是秦汉文法的精髓所在。因此，唐顺之的"文必有法"真正抓住了"前七子"学习秦汉文不成功的关键所在。此外，同样是师法古人，他从"有法"可循的唐宋文入手，这就比"前七子"们师从"无法之法"的秦汉文更加切实可行，何况"前七子"欲求的还是秦汉文缥缈难见的气象、格调。而师古人之"法"又强调要从唐宋文的"有法"上溯至秦汉文的"无法"，这就保证了其师古不会为"有法"所拘，比起"前七子"的"尺寸古法"显然更加灵活。所以，"前七子"学秦汉文之气象、格调不得，只有执着于古人文字之法，落得形似；唐顺之学古则不为"法"所拘，追求的是文章"意"与"法"的平衡，因此不仅不会流于文字的剽窃模拟，一旦掌握了其中诀窍，还能够挣脱文"法"（形式）的束缚去追求文"意"（内容）的匠心独运。所以他论文虽强调"文必有法"、谨守绳墨，而那些"出新意于绳墨之余"的文章在他看来则是更高水平的作品了。

总之，唐顺之复古所师之"法"是求新求变的"活法"，这是他比"前七子"师古执于"死法"高明的地方。有了理论的优势，再加上唐顺之、王慎中、归有光等唐宋派主将都是古文写作的高手，所以到了嘉靖年间他们很快就取代"前七子"

成为学子们论文所推尊的大家了。

二、高扬主体精神的"本色"说

"本色"说内涵

嘉靖二十四年，唐顺之论文提出了"本色"一说，这是他继"文道合一"的古文理论之后又一十分重要的文学主张。"本色"说极为重视文章的内容立意是否具有新颖、独特的价值，并以此作为判定文章优劣的唯一标准，要求作文不事雕琢，不必准于法度，只须直据胸臆，道出作者心中"千古不可磨灭之见"即可。唐顺之的"本色"说对于文章思想内涵的高度关注，对于文章形式（特别是"法"）的超越，打破了其身为唐宋派主将时论文所追求的"意"与"法"的平衡，并借此彻底跳出了复古理论的囹圄。因此，"本色"说的提出标志着唐顺之论文已经走出了唐宋派"文道合一"、讲求"文必有法"的古文理论，这是唐顺之论文主张的第二次重要转变。

不可否认，唐顺之"本色"说的提出与唐宋派另一位重要成员茅坤有着直接联系。茅坤十分推崇唐顺之的文章，认为其作继承了六经以来的古文正统，非李梦阳等剿袭古人文字可比。此外，茅坤的文学主张也显然受到唐顺之不少影响，特别是由他所编选、具有重要影响力的《唐宋八大家文钞》，无论是选文的范围、篇目，还是对于文章的具体评价，都受到了唐顺之《文编》的重要启发。嘉靖二十四年，茅坤与唐顺之就论文两度书信往来，分别是茅坤写给唐顺之的《复唐荆川司谏书》《再复唐司谏书》，以及唐顺之答复茅坤的《答茅鹿门知县》《答茅鹿门知县（二）》。唐、茅二人虽同为唐宋派文学主将，但唐顺之此时论文主张已经发生了质的变化，因此二人论文颇多不合，正是在一番番针锋相对的论辩中唐顺之逐步表明了自己论文的新立场，并在《答茅鹿门知县（二）》中明确提出了其论文生涯中极为重要的"本色"一说。

概而言之，唐顺之论文的"本色"说主要包括两重含义：第一，就文章内容来说，须有作者自家本色，即所谓"一段精神命脉骨髓"，且本色须高而不卑，也即此一段"精神命脉骨髓"须是"真精神与千古不可磨灭之见"，是作者的独得之见；第二，就文章形式来说，本色之文要求作者"直据胸臆，信手写出"，不必讲求"绳墨布置、奇正转折"（不拘于"法"）。"本色"说强调作文要以内容立意为本，谋篇布局、修辞藻饰等形式技巧为末——一篇文章只要作者的立意本色高，那么直据胸臆自然写出，便是"宇宙间一样绝好文字"。"本色"说的确与其之前学宗唐宋古文，追求文章"意"与"法"（内容和形式）的平衡有着本质上的区别。无怪乎茅坤对这位昔日十分尊崇的文友所论感到诧异和不解。

其实，当唐顺之开始以"本色"说脱出唐宋派论文窠臼之时，茅坤仍沉浸于唐宋派"文道合一"的一贯主张之中，所以这一对昔日论文盟友因为步伐的不同而产生理论之间的碰撞亦属自然，这种碰撞在他们的论文往来中已经十分明显，不妨仔细看来。茅坤在《复唐荆川司谏书》中说：

> 尝闻先生谓唐之韩愈，即汉之马迁；宋之欧、
> 曾，即唐之韩愈。某初闻而疑之，又从而思之。……
> 窃谓马迁譬之秦中也，韩愈譬之剑阁也，而欧、曾譬

之金陵、吴会也。中间神授，迥自不同，有如古人所称百二十二之异。而至于六经，则昆仑也，所谓祖龙是已。故愚窃谓今之有志于为文者，当本之六经，以求其祖龙。而至于马迁，则龙之出游，所谓太行、华阴而之秦中也。故其气尚雄厚，其规制尚自宏远。若遽因欧、曾以为眼界，是犹入金陵而览吴会，得其江山逶迤之丽、浅风乐土之便，不复思履毂、函以窥秦中者已。大抵先生诸作，其旨不悖于六经；而其风调，则或不免限于江南之形胜者。故某不肖，妄自引断：为文不必马迁，不必韩愈，亦不必欧、曾；得其神理而随吾所之，譬提兵以捣中原，惟在乎形声相应，缓急相接，得古人操符致用之略耳。而至于伏险出奇，各自有用，何必其尽同哉！不审高明以为何如？

唐顺之在《答茅鹿门知县》中则说：

来书论文一段甚善。虽然，秦中、剑阁、金陵、吴会之论，仆意犹疑于吾兄尚以眉发相山川，而未以精神相山川也。若以眉发相，则谓剑阁之不如秦中，而金陵、吴会之不如剑阁可也。若以精神相，则宇宙间灵秀清淑瑰杰之气，固如秦中所不能尽而发之剑阁，剑阁所不能尽而发之金陵、吴会，金陵、吴会亦不能尽而发之遐陬僻绝之乡，至于举天下之形胜亦不能尽而卒归于造化者有之矣。故曰有肉眼、有法眼、有道眼，语山川者于秦中、剑阁、金陵、吴会，苟未尝探奇穷险——历过而得其逶迤曲折之详，则犹未有得于肉眼也，而况于法眼、道眼者乎？愿兄且试从金陵、吴会一一而涉历之，当有无限妙处无限难处耳！虽然，惧兄且以我吴人而吴语也。

可以看出，第一封信中茅坤所云是典型的唐宋派论文之法，而在唐顺之的答书中，其所论已然呈现出新的论文风调。唐顺之认为他与茅坤的分歧乃在于一"以眉发相山川"，一"以精神相山川"。具体说来，"以眉发相"，则秦中、剑阁、金陵、吴会"迥自不同"，并有高下之分，而分辨高下的标准就在于他们距离"祖龙"昆仑的远近，近者高，远者下；若"以精神相"，则秦中、剑阁、金陵、吴会固然有别，却无高下之分，因其各自特色无可替代。说得更明白一些，茅坤论文虽也承认秦汉唐宋文各有佳处，但终以六经为本，秦汉文次之，强调师古不可局限于唐宋文；唐顺之则认为各时各家文自有好处不可替代，当然也就无高下之分。其实，二人之所以有这样的分歧乃在于茅坤论文本于儒家之道，以"六经"为宗，而唐顺之论文则以"造化"为宗。"六经"实，而"造化"虚——实，故容易以"肉眼"根据这实在的标准泛论各家，分出高下，结果常是不见"众美"只见"独美"；虚，故非用"法眼""道眼"才可分辨"造化"所赋予各家的妙处，不会执于"肉眼"一偏之见，故眼中、心中但有众美而不敢私美。其实茅坤论文对此亦有觉悟，正是因为不愿被具体的某一家文字章法所束缚，他才强调"为文不必马迁，不必韩愈，亦不必欧、曾"，进而更从六经中拈出一抽象的"神理"（唐顺之《文编》中所云"神明"）来统领外在的文字章法。这也恰是唐宋派与七子派同为师古却更加高明的地方，七子欲学秦汉文的气象、格调却流于字模句仿，结果只学到一手佶屈聱牙的文字，仅得形似；而唐宋派不为外在的文字形式所拘，以六经为宗，从文章的章法结构中师求古文之"神理"，故学古得精神而非形似。然而在唐顺之看来，茅坤论文虽用"神理"解放了外在的文字形式，且"得其神理而随吾所之"也强调文章之作要带有作者的个性风格，但这"神理"出自六经，六经是天下一切文章的根本，是"祖龙"。既然这"祖龙"的地位永远不可动摇，那么"神理"不过是剔除了七子们文字束缚之后的新的一重束缚。在这一束缚下，纵然各时各家文章自有特色，一旦用源于六经的"神理"对之衡量，仍不免有高下之分。唐宋派学古实际是从唐宋文着手，进而入于秦汉文的路径以窥六经之旨，因此茅坤批评唐顺之所作尚限于宋人之法，劝其不可自限于"江南形胜"，当以六经为作文指归。

如果说在《答茅鹿门知县》中，唐顺之论文主张的转变还不明显，到了《答茅鹿门知县（二）》，唐顺之便用"本色"说和以前的论文主张划出了清晰的界限。他说"盖谓学者先务，有源委本末之别耳"——就文章来说，作者的内容立意是否具有"本色"为本，文字章法等形式上的追求则为末。因此，文章能否长久流传，其关键就在于内容立意"本色"须高，有"千古不可磨灭之见"。至于这"千古不可磨灭之见"，它并不一定本于儒家之道，只要是作者"洗涤心源，独立物表"而来的独得之见，便称得上"本色"高。唐顺之认为秦汉以前，老、墨、名、法等诸子百家学说皆各有本色，非别家可替代，也非儒家可以抹杀，所以诸子之文得以与儒家六经一并流传后世。相比起来，唐宋以后文人所作虽"一切自托于儒家"，以六经为本，满纸仁义道德，实际却只是拿"道"来装点门面，极少有自家本色，故甚少流传。可见，在唐顺之的"本色"说这里，六经（或儒家的圣人之道）已经失去了它在文章中的"祖龙"地位。由此，只要有自家本色，秦汉文自有秦汉文的好处，唐宋文也有唐宋文的好处，无须扬此抑彼。更重要的是，今人所作若有创见，"本色"高，便也足以与古人之文相并立，无须以古为高，崇古贱今。"本色"一说，到这里便不仅打倒了唐宋派本于"经"贯乎"道"、从师法唐宋八大家古文入手的复古主张，也打倒了七子派"文必秦汉"的复古主张。实际上，关于"师古"，"前七子"推尊秦汉文的雄浑气象、高古格调，故不读汉以后文；茅坤则是用他所构建的儒家"文统"，确立了六经的祖龙地位，奉劝唐顺之师古可从唐宋文入手，但不可局限于唐宋文的格局。而唐顺之以"本色"为论文关键，认为唐宋文、秦汉文与六经各具本色，不可替代，从这个意义上看它们具有同样的地位和价值，不可偏废，即无所谓祖龙、秦中、剑阁、金陵、吴会之分。不仅如此，诸子百家之文，其"本色"非儒家之文可替代，其主旨虽与儒道相距甚远或者背道而驰，也因其"本色"高自有流传价值，不会湮灭。可见，唐顺之此时论文，眼里已无六经、秦汉、唐宋、诸子百家文之分，只有"本色"高卑、有无"本色"之分，因此要不要师古、师哪一家文、如何师古都已不重要。这对于明代文坛一直流行的"复古"风气有着致命的打击，后来的李贽、公安派也正是沿着这个思路去反对前后七子的复古理论的。

认识到文章的最终价值在于其所包含的"精神命脉骨髓"

（"本色"）之后，唐顺之认为作文只需像写家书一般信手写出便可，他在《与洪方洲书》中说道："近来觉得诗文一事，只是直写胸臆，如谚语所谓开口见喉咙者，使后人读之，如真见其面目，瑜瑕俱不容掩，所谓本色，此为上乘文字。"所谓"本色"之文，不仅要有独一无二的立意，还须用最质朴自然的文字形式将其传达出来，不必讲求"绳墨布置、奇正转折"，不必拘泥于任何作文之法。这里，唐顺之并不是要抹杀掉文字章法等作文技巧，他强调的是作者的"真精神和千古不可磨灭之见"不可被任何外在的形式技巧或"法"所束缚，这与其身为唐宋派主将时追求"文必有法"显然是不同的。当然，不同于"前七子"师古流于文字上的"尺寸古法"，紧抱着"死法"不放，唐宋派的"法"是从唐宋文的"有法"入手，进至于秦汉文的"无法之法"，是一求新求变的"活法"。

尽管如此，唐宋派论文的"活法"在唐顺之的"本色"说这里还是被尽数抛下，因为"有法"也好，"无法之法"也好，到底还是有一个"法"字横在眼前。唐顺之之前论文说道："中峰先生之文，未尝言秦与汉，而能尽其才之所近。其守绳墨，谨而不肆，时出新意于绳墨之余，盖其所自得而未尝离乎法。"拈出"本色"以后，他论文则又是另一种口气："蔡白石，今之名家也。仆向来颇不为然。近得其诗读之，则已洗尽铅华，独存本质，幽玄雅淡，一变而得古作者之精。"论前者，虽赞其"时出新意"，却终归于谨守绳墨、"未尝离乎法"；论后者，则高赞其"洗尽铅华，独存本质"，不拘于法。可见，唐顺之在身为唐宋派主将时追求的是文章的"意"与"法"的完美结合，提出"本色"说之后，追求的则是文章中剥落了形式之后的"真精神"与"千古不可磨灭之见",是"意"对"法"的超越。唐顺之用作者的自家"本色"取代了"法",也就是取消了"前七子"以及唐宋派师古的途径,从这个角度来看,"本色"说的提出对于扭转一直以来的复古风气正可谓抓住了关键。

综上,唐顺之论文的第二次转变主要在于他提出了标举文章"真精神"的"本色"说。"本色"说取消了唐宋派论文主张中六经的祖龙地位,肯定了各时各家之文的独特价值。进一步看,"本色"说对文章内容立意的突出强调,打破了唐宋派"文道合一"的古文理论所追求的"意"与"法"的平衡,取代了"文必有法"。因此,"本色"说的提出不仅是对七子派以"死法"复古的彻底否定,也是对唐宋派以"活法"复古的否定。唐顺之从此可谓真正走出了复古理论的囹圄。可以说,唐顺之的"本色"说揭开了中晚明文学革新运动反对复古、高扬性灵的序幕,是他文学生涯中最具有重要意义和地位的学说。

求道与学文

唐顺之一生学文、论文共经历了三个阶段,发生了两次重要的转变。他曾如此对友人总结道:

> 仆自三十时,读程氏书有云:自古学文,鲜有能至于道者。心一局于此,又安能与天地同其大也?则已愕然有省,欲自割而未能。年近四十,觉身心之卤莽,而精力之日短,则慨然自悔。捐书烧笔,于静坐中求之,稍稍见古人途辙可循处,庶几补过,桑榆不尽枉过。

唐顺之说，三十岁时（嘉靖十五年）他明白了学文要有志于道，因此他一改昔日追随"前七子"学秦汉文，从此倡"文道合一"，学唐宋文。他说四十岁（嘉靖二十五年）左右，自己"捐书烧笔"，这当然不是真的不再提笔为文，而是从此不再纠心于文辞技巧，作文只是直抒胸臆，但求一己"真精神"与"千古不可磨灭之见"。因此，无论秦汉文，还是唐宋文，都不足为法，从此走上了"本色"师心的作文之路。在这里，唐顺之明确表示了自己两次为文道路的转变都与学道相关。对照前面关于唐顺之学术思想发展演变的介绍，可以发现其学道在嘉靖十五年至二十五年之间，正处于会同程朱理学与阳明心学的阶段；嘉靖二十五年之后，则是其悟解心学阶段，在这一阶段他形成了自己"以天机为宗，以无欲为工夫"的心学思想。可见，唐顺之文学思想的转变与其学道历程的转变是基本一致的。值得注意的是，在唐顺之文学生涯中最具重要意义的第二次转变，正对应着其心学思想逐步成熟的阶段。唐顺之自己也多次提到，"本色"之文得自"心源"，"文字工拙在心源"，这正说明了"本色"说与心学思想之间的紧密联系。因此，有必要从唐顺之心学思想的角度来进一步认识其论文的"本色"说。

　　唐宋派"文道合一"的古文理论，其核心是以儒家的圣人之"道"为本，所以他们论文构建了本乎"经"、贯乎"道"的"文统"，其学古也是要从唐宋文入手，进窥于秦汉文的路径，以达六经之旨。然而唐顺之"本色"说的提出，首先就以自信强大之势取消了唐宋派文论中六经的祖龙地位。毋庸置疑，"本色"说的核心即在于作者须抒写自家的"真精神"与

"千古不可磨灭之见",而此"真精神"与"千古不可磨灭之见"并非凭空而来,同样本自于儒家之道。因此,不同于"前七子"学古关注的是古文的形式,"本色"说与唐宋派的"文道合一"论文的焦点都重在文章的内容而非形式。更重要的是,他们所关注的文章的思想内涵又皆以儒家之道为本——"道"既是他们作文的目标,也是他们作文、论文的根本准则。这是"本色"说与唐宋派古文理论一致的地方。不同的是,所谓"道"究竟在哪里可以寻得?如何去明道?对此,唐顺之与唐宋派成员的认识显然有所不同。茅坤说:"天地万物之情,各有其至。世之能言者,当于六籍中求吾心之至者,而深于其道,然后为文,有物有则是也。"这里所谓"各有其至"的"至"与"吾心之至"便是唐宋派所要探明的"道"之所在,可以看出他们是要在"吾心"之外的六经中去体察"道",其所得即成为指导自己作文的准则。相比而言,唐顺之为文所求的"真精神",实际就是他多年体"道"所得的那个"彻天彻地,灵明浑成的东西",即"天机"。前面已经说过,唐顺之的"天机"是内具于人心中的宇宙万物的本体以及人的道德本体,要识得"天机"便要洗尽人们内心之中的种种欲根,通过反身自躬方可体察得到。那么,唐顺之作文论文的根据("道")并非从外部能够求得,它恰恰存在于每个人的内心之中。因此,文章所要表达的"真精神"必须从作者自家心中寻讨,而非在古圣贤的六经中去体悟。如此,唐宋派文论中六经的祖龙地位,在唐顺之的"本色"说这里也就烟消云散了。而六经的祖龙地位一旦被取消,自然可以明白唐顺之为什么能够看到、并大胆指出六经以外各时各家之文自有本色,不可偏废——既然"道"（"天机"）居于人人心中，那么无论是儒家之外的诸子百家文，抑或"文统"以外的各时各家文，只要作文自有"一段千古不可磨灭之见"，那就是内化于各人心中的"天机"在其文章中的自然流露，又何必非以所谓"六经"和"文统"为依据来取舍、褒贬文章呢？至于今人学文、作文，便须先向自家内心深处去体察"天机"的自然流行，这才是作文之本。若今人所作能够出自于内心"天机"的自然流露，便也一样可以与古人之文并立相传，那么论文又何必厚古薄今，学文又何必一律师从于古人呢？至此，唐顺之用他的"本色"说，不仅否定了唐宋派学唐宋文追"六经"之旨的论文主张，通过反身自躬识取人人心中的"天机"，唐顺之更是将作者自身的主体性在创作过程中的重要地位明确地揭示开来，如此便给了七子派师古理论以致命的一击，从而将文坛上弥漫着的复古之风引向了"本色"师心的新路子上来。

可以说，唐顺之"本色"说的贡献首先就在于它高标了作者的主体性在文学创作中的重要地位，让人们重新看到文章的真正价值在于其思想内涵，即作者在文章中所表达的一己之"真精神"与"千古不可磨灭之见"。此外，"本色"说的另一贡献是它对质朴自然的文风、诗风的标举，即唐顺之所说的"直据胸臆""不调不格"。"本色"说对文章质朴自然的形式的追求，以及对文章内涵的突出强调，有力地否定了唐宋派"文必有法"、追求"意"与"法"之平衡的古文理论，更是对"前七子"着力从形式上师古的否定，这正是唐顺之"天机自然"的心学思想在其文学理论中的体现。"天机自然"作为唐顺之心学思想的核心，它一方面强调了心体自寂自感、不容人力的圆活性，另一方面则强调了顺天机自然而行、不可刻意执着的自然工夫。特别是从工夫论的角度来看，唐顺之又提出了"无欲为静"，强调人们应该尽去心中的所有欲根，以一颗无所执之心去洞见"天机"自然，顺其而行。因此，唐顺之的"天机自然"以及"无欲为静"，其关键就在于要破人们心中所执——顺天机自然而行，便不可以人力求之，影响于文学便主要体现在唐顺之要破文坛上一直弥漫着的"师古"之执。在他看来，"前七子"的"文必秦汉，诗必盛唐"是执，欲学古诗文的气象格调不得，转而流于文字上的句剽字拟更是执。"前七子"专意从文章的形式入手师法古人，最终得到的却是一执定的"死法"，如此学古自然离那变化无端的作文之"神理"越来越远，创作上的失败也就是不可避免的了。有七子们学古的前车之鉴，当身为唐宋派主将时，唐顺之便力图从文章的谋篇布局中去把握那"神明"之变化，他要从唐宋文的"有法"进窥于秦汉文的"无法之法"。因此他学古并不执于文辞，追求的是文章"意"与"法"的平衡、内容与形式的统一。然而在师古过程中，无论是"有法"抑或是"无法之法"，一旦这"法"可以成为放之四海而皆准的学习准则，便难免机械僵硬，容易形成对创作的新一重桎梏。所以，即便是唐宋派求新求变的"活法"也终归是有所执，这就难免会被唐顺之完全抛开。当然，无论是"前七子"抑或是唐宋派，他们师古所打出的旗号原本都分外响亮动听，最终却都不免执着于从文字结构等外在形式去学习古人的作文之法。与此不同，唐顺之的"本色"说以其对文章内涵的强烈关注彻底湮灭了对外在形式的追求，他说作文者若有一己之真精神，作文便只如写家信般直抒胸臆，但求辞达而已——这种质朴自然的风格，也恰恰是作者得以专注于抒写自家精神的有力保证。这样，唐顺之曾经追求的"意"与"法"的平衡最终在"本色"说这里被打破。而无论是唐宋派学古的"活法"，抑或七子派学古的"死法"，都因流于形式上的胶着执定最终被完全否定。唐顺之用他的"本色"说，最终超越了明代文坛由来已久的复古潮流。

正是唐顺之"天机自然"的心学思想使得他能够认识到作者在创作中的主体地位；而对承载着作者主体精神的文章内涵的关注，又使得他最终走出了胶执于文章形式的复古窠臼，去用朴实自然的文字发出自己内心的声音，正如他所说："文章稍不自胸中流出，虽若不用别人一字一句，只是别人字句，差处只是别人的差，是处只是别人的是也。若皆自胸中流出，则炉锤在我，金铁尽融，虽用他人字句亦是自己字句，如'四书'中引《书》引《诗》之类是也。"正是在这个意义上，唐顺之的"本色"说对后来徐渭的"师心纵横，不傍门户"的"本色"说，以及公安派"独抒性灵，不拘格套"的"性灵"说可谓有先导之功。

不可否认，唐顺之文学思想的发展确实受到了其学术思想的重要影响，但是不能忽视这种影响实际是比较复杂的。一方面，唐顺之论文的两次重要转变都与他学道的经历直接相关。第一次转变在嘉靖十五年，由于学道，唐顺之开始悉心阅读宋儒著作，并由此体会到宋人文章的好处，从此为文不再追随"前七子"师法秦汉，转而学"文道合一"的唐宋古文。嘉靖二十五年前后，唐顺之高扬作者主体精神的"本色"说超越了其之前的文学复古理论，是他一生中最为重要的文学思想——

这论文的第二次转变更是直接得益于他心学思想的重要启发。另一方面，自从唐顺之开始学道，其论文便不断呈现出重道轻文的倾向。读者可以在他写给朋友的书信中多次看到他提及自己因学道而疏于作文，并对自己以往不学道而专务文辞深感悔恨。这不仅是因为学文浪费了大把时间，更重要的是在唐顺之看来自己以前学文不知以"道"为本，只是沉溺于文辞技巧，正是这种沉溺阻碍、遮蔽了自己的向道之心。实际上，唐顺之自少时就专心文事，写得一手漂亮的八股文，正是因此他才被张璁点作了会元。其与王慎中、李开先等同列"嘉靖八才子"，后来又作为唐宋派主将领导新的文学潮流，唐顺之的文名日趋鼎盛。对于他来说，想要挣脱出文辞的诱惑并不容易。前面提到，唐顺之说自己三十岁时对"学文以求道"已"愕然有省"，但"欲自割而未能"，直到四十岁还在信誓旦旦，要"捐书烧笔"，专心求道。可见"文辞技能种种与心为斗"，唐顺之毫不讳言自己一直未能摆脱作文与求道的矛盾。尽管如此，自嘉靖十五年唐顺之入道以来，他就不无刻意地开始减少文事，对于那些实在无法推托的"文债"，其所作但求"辞达"而无意究心文字。这也体现在他论文愈加讲求以"道"为本，重视文章的思想内涵，不重文字章法这些形式上的东西。所以，从他身为唐宋派主将倡导"文道合一"的古文理论，到后来提出的"本色"一说，无不具有浓厚的载道意识。而从追求"文必有法"，到提倡直抒胸臆、本色自然的作品，他对文章形式的追求也日益呈现出非文学性的倾向，并不关注其所应具有的审美价值。不仅如此，唐顺之文学思想日趋重道轻文的倾向反过来又加剧了其诗文创作的变化。他说自己作诗则率意信口、不调不格，"以寒山《击壤》为宗"作文则是"信意打抹"，"大率所谓宋头巾气习"——无论作诗作文，都遁入道学家以理趣取胜的路子上去了。对于他创作的这一变化，誉之者以为"无奇语而未尝不奇，如老态而殊为不老"，亦有以其为"窜入恶道，流为俗笔"。然而唐顺之既以"道"为本"文"为末，他就不在乎别人如何评价他的文章了。那个曾经文采飞扬的才子唐顺之已经远离了读者，取而代之的则是一心向道的学者唐顺之。

尽管如此，当我们今天回眸历史时，无论是那个在惊涛骇浪中率兵抗倭的名将唐顺之，还是一意刻苦自励、不断精进的学者唐顺之，都掩饰不住其身上文采斐然、名动天下的文人底色。

附 录

年 谱

1507 年（明正德二年）　生于江苏武进。

1522 年（嘉靖元年）　补郡庠生。

1529 年（嘉靖八年）　会试第一名，廷试二甲第一名，授兵部武选司主事。与状元罗洪先订交。

1530 年（嘉靖九年）　告病南归。

1532 年（嘉靖十一年）　葬母。服阕返京复职。

1533 年（嘉靖十二年）　官吏部稽勋司主事。官翰林院编修。

1535 年（嘉靖十四年）　疏病乞归。

1536 年（嘉靖十五年）　家居。王畿、王艮相偕来访。与万吉订交。万士安、万士和兄弟拜入荆川门下从学。

1537 年（嘉靖十六年）　家居恒馆阳羡。

1539 年（嘉靖十八年）　奉朝旨复故官翰林院编修，兼右春坊右司谏。

1540 年（嘉靖十九年）　与罗洪先、赵时春上定国本疏，忤旨为民。

1541 年（嘉靖二十年）　与罗洪先联舟南归。家居。

1546 年（嘉靖二十五年）　由文入道，是学文思想转变的重要一年。

1556 年（嘉靖三十五年）　居丧。倭寇逼近常州郡城。

1557 年（嘉靖三十六年）　居丧。

1558 年（嘉靖三十七年）　赴京，官兵部职方司员外郎。奉敕查勘蓟镇兵务。奉命视师浙直，与总督胡宗宪协谋讨贼。

1559年（嘉靖三十八年）　在浙直视军情任。督师崇明，获"三片沙"之捷。继率总兵刘显驰援凤阳巡抚抵御江北倭寇，助其取得"姚家荡大捷"，最终剿平江北倭寇。擢升太仆寺少卿、通政司右通政。上《条陈海防经略事疏》。改任右佥都御使，代为巡抚凤阳等处兼提督军务。

1560年（嘉靖三十九年）　在凤阳巡抚任，请赈地方灾荒。四月一日以疾卒于泰州，享年五十四岁。

主要著作

1.《历代史纂左编》（又作《史纂左编》）一百四十二卷。

（1）明嘉靖四十年胡宗宪校刻，王草、左丞校正，美国国会图书馆藏。

（2）明万历四十年翻刻嘉靖本。明吴用先、陈邦瞻、萧近高同校，北京大学图书馆藏。

2.《荆川先生右编》四十卷。

（1）明万历三十三年刘日宁刻本。

（2）明天启南京国子监刻本。

3.《两汉解疑》二卷，《两晋解疑》一卷。

（1）《学海类编》本。

（2）《借月山房汇抄》本。

（3）《忏花庵丛书》本。

（4）《武进唐氏所著书》本。

4.《诸儒语要》二十卷，明万历三十年刻本。

5.《唐荆川先生纂辑武编》前集六卷，后集六卷。

（1）明万历四十六年徐象枟曼山馆刻本。

（2）《四库全书》本，十卷。

6.《荆川稗编》一百二十卷。

（1）明嘉靖胡宗宪刻本。

（2）明万历九年东海茅一相刻本。

（3）《四库全书》本。

7.《重刊荆川先生文集》十七卷，附录一卷。

（1）明万历元年纯白斋重刻本，美国国会图书馆藏。

（2）《四部丛刊》影印万历本。

8.《文编》六十四卷。

（1）原刻本。明嘉靖三十五年丹阳姜宝编次，福州知府胡帛校刊。

（2）明天启元年吴郡陈元素重订本。

（3）《四库全书》本，即缮录姜本。

9.《勾股六论》一卷，佚。

10.《历算书稿》十二册，佚。

参考书目

1. 唐鼎元：《明唐荆川先生年谱》。

2. 吴金娥：《唐荆川先生研究》，文津出版社，1986 年。